中国古代北方民族交往交流交融丛书

华夷同风
——宋辽金时代的文化交流

孙国军 著

内蒙古人民出版社

图书在版编目（CIP）数据

华夷同风：宋辽金时代的文化交流 / 孙国军著 . -- 呼和浩特：内蒙古人民出版社，2025.4

（中国古代北方民族交往交流交融丛书）

ISBN 978-7-204-17106-4

Ⅰ. ①华… Ⅱ. ①孙… Ⅲ. ①古代民族—文化交流—研究—华北地区—辽宋金元时代 Ⅳ. ① K289

中国版本图书馆 CIP 数据核字（2022）第 008603 号

华夷同风——宋辽金时代的文化交流

作　　者	孙国军
策划编辑	王　静
责任编辑	王　曼　党　蒙
责任监印	王丽燕
封面设计	刘那日苏
出版发行	内蒙古人民出版社
地　　址	呼和浩特市新城区中山东路 8 号波士名人国际 B 座 5 层
网　　址	http：//www.impph.cn
印　　刷	内蒙古金艺佳印刷包装有限公司
开　　本	710mm×1000mm　1/16
印　　张	9
字　　数	130 千
版　　次	2025 年 4 月第 1 版
印　　次	2025 年 4 月第 1 次印刷
书　　号	ISBN 978-7-204-17106-4
定　　价	88.00 元

如发现印装质量问题，请与我社联系。

联系电话：（0471）3946120

编委会

主　　编：李月新

副 主 编：齐建萍　于畅夫

编　　委：孙国军　吕富华　李明华　阚　凯
　　　　　张若开　于晓娟　张　敏　李浩楠
　　　　　王　欣　白满达　敖拉乌兰
　　　　　刘江涛　任君宇

总　序

各民族交往交流交融是中华民族团结统一的重要基础。在漫长的历史发展过程中，各民族血脉交融，逐步形成牢不可破的中华民族共同体，彰显出中华民族共融共通的价值取向。习近平总书记强调："我们伟大的祖国，幅员辽阔，文明悠久。一部中国史，就是一部各民族交融汇聚成多元一体中华民族的历史，就是各民族共同缔造、发展、巩固统一的伟大祖国的历史。"对中国古代各民族交流互融的探讨，有助于深入阐释习近平总书记重要讲话精神，深化对铸牢中华民族共同体意识学理内涵、现实意义的理解。中国古代北方民族交往交流交融系列丛书就是践行深入理解铸牢中华民族共同体意识的读物。

中国古代北方民族交往交流交融系列丛书主要面向广大普通读者，共有五个专题，分别为《多元一体——先秦时代的文化交流》《胡汉交融——汉魏时代的文化交流》《参天可汗——隋唐时代的文化交流》《华夷同风——宋辽金时代的文化交流》《长城内外——明清时代的文化交流》，均以中国古代北方民族交往交流交融的历史为主线，以中华文明发展历程、中华民族多元一体格局形成为核心，以典型的文物、文化遗址或代表性人物、事件等为主题，以点带面，详细记述了中国古代北方民族在发展历程中与中原交流互动的历史,力求生动呈现中国古代北方民族交往交流交融的史实,展现中华文明延续不断的历史基因、中华民族凝聚不散的历史密码和中华民族大团结的深邃思想与丰富实践。

编写该丛书,旨在帮助读者了解中国古代北方民族交往交流交融的历史发展脉络,认识中国古代北方民族的历史是中华民族发展史的重要组成部分,在构建中华民族多元一体格局中发挥了重要作用。

上编　吾修文物，彬彬不异中华
　　——辽宋时代的北方文化交流 / 001
　　一、交融共通的各民族 / 001
　　二、崇儒修文的文化认同 / 034
　　三、融汇多元的典章器物 / 051
　　四、久为一家的族际通婚 / 071

下编　中州万古英雄气，也到阴山敕勒川
　　——宋金时代的北方文化交流 / 077
　　一、金代北疆地区的各民族 / 077
　　二、各民族对北疆的开发 / 087
　　三、金代北疆的通用语言文字及民族语言文字 / 099
　　四、北疆金军的民族构成 / 110
　　五、金代北疆地区各民族之间的文化交流、交融 / 122

结语 / 133

上编　吾修文物，彬彬不异中华
——辽宋时代的北方文化交流

辽政权（907—1125年）是中国古代北方少数民族契丹族所建，历九帝，218年。辽的疆域幅员万里，其境内民族众多，辽统治者采取因俗而治的策略，各民族交融共生，有效地促进了政治、经济和文化等诸多方面发展。

一、交融共通的各民族

作为契丹族建立的政权，辽统治境内民族众多，从生产生活方式上来说，既有"畜牧畋渔以食，皮毛以衣，转徙随时，车马为家"的契丹、奚、室韦、乌古、敌烈、阻卜等游牧民族，也有"耕稼以食，桑麻以衣，宫室以居，城郭以治"的汉、渤海等农耕民族。有辽一代，契丹统治者制定了因俗而治的民族政策，对于各民族之间的交流与融合起到了促进和推动作用。辽境内的各民族在杂居中不断交融共生，为辽政权多民族经济文化的发展作出了贡献，成为多元一体格局形成过程中至关重要的一环。

（一）辽朝境内的多民族

契丹族。契丹族是我国古老的北方少数民族，契丹之名最早见于北齐魏收所撰《魏书》，可知早在4世纪时契丹族已经名显于当时。契丹与库莫奚都出自东胡族系的宇文鲜卑。北魏登国三年（388年）契丹与库莫奚在拓跋珪的军事打击之下分裂，走上了独立发展的道路。北魏灭亡之后，柔然强大，契丹沦为其属部。500—551年，柔然受到高车的重创，势力衰弱，契丹乘机摆脱柔然。隋朝时期契丹各部相对分散，大致集中在老哈河流域，地域范围东达西辽河下游地区，西至大兴安岭地区，北至西拉木伦河流域，南至辽西以北二百里。唐朝时期，契丹形成了比较稳定的联盟。唐末、五代十国时中原战乱，加之北方草原上突厥、回鹘汗国衰落，契丹得以迅速发展，打败室韦、奚等部族，又南下代北。数次战争中，大量人口、财物的俘获，使得契丹社会中农业生产技术有所提高，手工业的门类逐渐增多，促进了契丹社会经济的发展。在这种情况之下，原有部落联盟的统治已不能满足现实的需要，契丹社会制度的改革和蜕变迫在眉睫。迭剌部耶律阿保机便是在这样的背景下登上了契丹社会的舞台。唐天复元年（901年），阿保机继立为迭剌部夷离堇，专征讨。903年为于越，总知军国事。随后，阿保机又在对外战争中取得了一系列的胜利，不仅开拓了契丹的疆土范围，也拥有了大量的战俘和劳动力，进一步壮大了自身的势力。至此，阿保机已完全掌控了契丹社会的军事统治权，并在实际上掌握了联盟大权。906年底，耶律氏家族在契丹社会中的实力已无人能及，作为当时契丹社会统治者的遥辇氏家族已无力与之抗衡。遥辇痕德堇可汗殂，群臣请立阿保机，阿保机三让而从，于907年春正月庚寅，命有司设坛于如迂王集会埚，燔柴告天，即皇帝位，建立政权，契丹族一跃而成为辽政权的统治民族。

契丹族生活的地域，草原面积广阔，多山川、河流。由于地属温带大陆性气候，所以一年四季气候分明，夏季炎热，冬季寒冷。契丹族随草迁徙，以狩猎和畜牧业为生。这样的环境使得契丹民族形成了积极进取、开放包容的民族性格，使得契丹族对其他民族的文化一直采取着积极主动的接受与吸纳的态度。

汉族。汉族是辽境内的主体民族，其入辽途径主要有以下三种：其一，唐末五代之际，为躲避战乱而流亡入辽的众多汉族人口；其二，契丹与中原交战中被俘入辽的汉族人口；其三，太宗天显十一年（936年），后晋皇帝石敬瑭为求救于契丹，将燕云十六州送与辽政权，该地区的汉人随之隶属辽政权。这些辽境内的汉族人口，或被置于五京所辖诸州中继续过定居农耕生活，或入仕辽政权，成为当朝官员，或成为契丹王公贵族的仆从。汉族与辽境内的各民族共同居住在一起，为辽政权社会、经济、文化的发展作出了贡献。

奚族。奚族古称库莫奚，据《魏书·库莫奚传》记载，奚族源出东胡，为鲜卑宇文部之后，与契丹本是同族异部。隋时称"奚"。唐时设饶乐都督府以安置内附的奚族。辽时被吞并，成为辽境内的民族之一。奚族在地理位置上距离契丹较近，两族在语言、风俗方面多相似之处。奚人以游猎、畜牧为主，兼营少量农业。

渤海族。渤海族为我国古代东北地区的民族，源于肃慎系统，本为靺鞨的一支。唐朝时期粟末靺鞨逐渐强盛，698年大祚荣自称震（振）国王，后被册封为渤海郡王，自此改国号为渤海，762年，唐朝诏令将渤海升格为国。其主要统治区域为辽河以东的松花江流域、乌苏里江流域、今俄罗斯滨海边疆区南部和朝鲜半岛东北部。由于内部矛盾的加剧，唐朝后期渤海国逐渐衰落下去，成为强盛起来的契丹族觊觎的目标。925年，辽太祖率大军亲征渤海国，次年春攻陷上京龙泉府，渤海国国王大諲譔投降，渤海国灭亡。渤海族在辽境内与其他民族杂居，成为辽政权的重要组成部分。

外围区域的诸民族。所谓外围区域的诸民族，是指与辽政权联系不强、辽政权对这些民族控制能力有限的诸多民族，属于外围区域的民族主要有室韦、女真、阻卜、回鹘等。

室韦。室韦源于东胡系统，唐时其分布区域已遍及从东北嫩江流域到蒙古高原腹地的广大范围之内，但辽时所说的室韦通常是指贝加尔湖以东、鄂嫩河以北、外兴安岭以南、大兴安岭一带和嫩江流域的室韦诸部，位于契丹诸部的北面和东北面。室韦诸部生活的区域，既有森林又有草原，故室韦各部在生产方式、生活习俗等方面有较大的差异。

女真。辽时所谓的女真包括熟女真和生女真。熟女真即著辽籍的女真部落，其地域范围大致在辽政权东京道的东部与南部各地。熟女真又分不同的部落，既有农业生产水平较高的部落，又有一直保持着本民族传统的原始狩猎畜牧经济形态的部落。生女真是辽政权东北边地的女真部落，其地域范围包括自松花江、牡丹江流域到东部滨海地区，因为没有著辽籍，故称之为"生女真"，这部分女真部落人口众多，史料记载有户十余万，是辽时女真族的主体部分。

阻卜。阻卜这一名称出现于辽金时期。王国维考证阻卜即为鞑靼，蔡美彪等许多学者基本赞成这一观点。史书记载，其直系祖先为唐代强大的九姓达怛，曾与突厥、回鹘等争夺草原霸权。

阻卜逐水草而居，以打猎为业。男女皆精于骑射，性格也尤为勇猛好战。其组织形态上，阻卜每部族多者二三百家，少者六七十家，其首领为部族内最富豪之人。10世纪时，阻卜各部尚未形成统一的部落联盟。辽神册三年（918年），已有阻卜部落遣使向辽朝贡。辽天赞三年（924年）阿保机西征，阻卜诸部皆"望风悉降"，并有三个部落被内迁。自此至辽景宗时期，阻卜各部常遣使朝贡于辽。从辽圣宗朝开始，阻卜各部时叛时服。在反抗契丹人的斗争中，阻卜诸部结成了统一的部落联盟，辽大安五年（1089年），契丹统治者任命阻卜中最大部落北阻卜的磨古斯为诸部长。1092年，由于耶律何鲁扫古误击磨古斯，北阻卜因此叛乱，其他部落纷纷响应。乾统十年（1100年）磨古斯被擒杀，叛乱被镇压。辽政权灭亡后，阻卜人中除有一部分随耶律大石西行外，余众后多融入蒙古族。

回鹘。原名回纥，又作韦纥、乌护、乌纥。其俗多乘高轮车，故亦号高车部，或敕勒。回鹘曾长期处在突厥汗国的统治之下。7世纪上半叶，回鹘摆脱突厥的奴役，逐渐兴盛起来，成为北方草原的霸主，建立了强大的汗国。唐德宗贞元四年（788年），改名为回鹘。9世纪后，回鹘汗国逐渐衰落。840年，回鹘汗国灭亡，其民众分散四方，有南迁至河西走廊的甘州回鹘、在西域建国的高昌回鹘和喀喇汗国，也有仍留于蒙古高原者。

除上述民族之外，辽境内还有一些其他民族，如党项、乌古、敌烈、铁骊、达鲁古、兀惹等，上述众多民族共同居住在广阔的土地上，共同推动了辽政权社会经济、文化等各方面的发展。

（二）因俗而治的民族政策

辽境内生活着众多民族，各民族在生产方式、风俗习惯、思想文化上各不相同，与辽之间的关系也不尽相同，这种情况下，契丹统治者制定了"因俗而治"的民族政策，为辽政权两个多世纪的稳固统治作出了贡献。

辽对契丹族的政策。契丹族是辽的统治民族，辽初即已对契丹族开始了各项政策的实施。南北朝以降契丹族长期保持八个部落的传统，辽太祖统治期间，部族由阻午可汗八部发展为十八部。辽政权为各个部族划定了固定的游牧区域，分地而治之。统和二十二年（1004年）之前，辽政权的疆域尚未定型，因而诸部族的居住地、镇戍地也在不断变化。统和二十二年（1004）六月，辽圣宗以皇太妃出师西域所得数千里之地置镇州统之，同年十二月辽宋澶渊结盟，辽政权由此进入和平发展时期，辽圣宗对部族居住地、镇戍地进行调整，自此不再有大的变动。

辽对汉族的政策。汉族对于辽政权的作用仅次于契丹族，稳固自己的统治。辽太祖时即已启用汉人中的优秀人才。有辽一代，多有跻身南面官行列的汉人，这些汉人及其背后的家族日益兴旺，逐渐成为煊赫一时的的世家大族，在社会中影响甚大。元人王恽云："迄今燕故老谈勋阀富盛，照映前后者，必曰韩、刘、马、赵四大族焉。呜呼！盛哉。"

辽对奚族的政策。辽对奚族主要采取拉拢为主的政策，封奚族首领为奚王，其职虽然已非世袭，但待遇依然优厚。奚王府继续统领奚族各部，各部的经济、政治以及一定程度的军事权都归奚王统管，与契丹五院、六院及乙室部并称"四大部族"。但实际上，因惧其势力，奚族被契丹统治者刻意压制，其在辽的政治舞台上并未有太大作为。普通奚族部民则受到契丹统治者和本民族上层叠加的剥削和压迫。

辽对渤海族的政策。辽灭渤海后，在其地建立东丹国，由人皇王耶律倍监管，并采用恩威并行的统治政策。所谓"恩"，即除辽统治阶层与渤海世家大族频繁通婚外，辽政权还给予渤海遗民田畴，减轻其赋税，对其往来贸易关市皆不征税，以满足其日常生活，并选用渤海能吏委以重任，力求稳定对渤海的统治。所谓"威"，即对渤海族实施大规模的迁移。辽灭渤海国后，其君主大諲譔被迁于皇都西，其民众被迁移于辽统治区域腹地上京附近。辽太宗天显四年（929年）下诏东丹国南迁，将原渤海国属下所有主要区域的民众强制迁移。这些渤海人口主要被安置于以东平为中心的辽河流域。到辽圣宗时，又曾三次将渤海人迁移至上京道和中京道。至此，渤海族的分布范围既有原渤海国故地，又有东京道的辽阳府、黄龙府等地，此外还广泛散布在中京道和上京道各地。据出使辽政权的宋使所见，中京道中有奚、契丹、汉、渤海族杂处，辽政权的诸边防城如镇、防、维诸州中也有渤海族居住。

辽对外围区域诸民族的政策。尽管各个民族在具体情况上有所差异，但大体上辽政权对外围区域的民族实行的都是半羁縻半直接控制的政策。如契丹与室韦之间多有征战，他们与辽的关系是属国、属部的性质。对熟女真部落也是采取设置属国、属部的方式进行统治和管理，他们对辽政权承担一定的兵役和赋税。辽政权还在东京城内设置市场，在边地的府、州等地设置榷场，与女真各部进行贸易活动。对于生女真，辽政权册封其部落首领为宰相、夷离堇、太保、详稳、惕隐等官职，生女真诸部落承认辽的宗主地位并臣服入贡。但是随着女真势力的逐渐强大，契丹统治者开始有所警惕，并采取相应的措施，将春捺钵地点定在长春州、泰州一带就是措施之一。春捺钵时，界外生女直酋长在千里内者，按照旧例皆来朝觐。契丹统治者通过这样的方式来考察女真族的动向以及臣服情况，最为典型的事例当属天祚帝时对女真首领完颜阿骨打的考察。《辽史·天祚帝本纪》中记载：天庆二年（1112年）的春捺钵中，女真完颜部首领阿骨打按照惯例前去朝贡，适遇头鱼宴，酒过半酣之时，天祚帝命令诸酋长次第起舞，面对天祚帝的命令阿骨打选择了拒绝，天祚帝再三下令，阿骨打始终不从。这种反抗行为，使得天祚帝对其有所怀疑，于是对当时的枢密使萧奉先说："阿骨打意气雄豪，顾视不同于寻常人，可以假托边境之事将之除去。否则必然贻有后患。"萧奉先却劝诫说这是因为阿骨打不知礼义，他并无大过而将他杀掉，唯恐对女真诸部造成恐乱，假若阿骨打以后真有异心，再将之除去也不晚。如此一番话，使得天祚帝没有继续追究阿骨打之事，这也使得早已不堪忍受辽政权压迫的阿骨打，因怀疑契丹统治者洞悉了其谋反之心而果断决定起兵反辽，最终灭亡了辽政权。

阻卜各部虽列为辽的属国、属部，却游离于辽的政治掌控之外，仅是有事遣使征兵，或下诏专征，助辽作战，或是向辽朝贡，或是与辽进行贸易。由于阻卜各部距离辽政权政治中心过于遥远，辽的各种措施在这里都无法施展。二者之间最终的关系，也只能是辽政权不断用羁縻、册封酋长、大王等官职的方式来维持自己的宗主身份，并依靠军事震慑与贸易限制去保护边疆安靖。

回鹘属于外延区域诸民族中最疏远的部分，其中的一支甘州回鹘距辽最近，契丹统治者曾试图将其纳入统治之下，却未能成功。故终辽一代，双方之间仅仅是一种封贡关系。天赞三年（924年）十一月，辽军大败甘州回鹘并俘虏其将领都督毕离遏，次年回鹘乌母主可汗即遣使贡谢。此后，《辽史》中便出现了甘州回鹘入贡的记录。辽政权也相应册封甘州回鹘首领为王，设置了"甘州回鹘大王府"官署。尽管如此，甘州回鹘对辽的朝贡次数仍然有限，同中原王朝的关系相比要疏远得多。而其他诸如高昌回鹘、喀喇汗国和敦煌归义军与辽的联系更远，辽政权只册封这些政权的首领为大王、郡王、节度使等，既不设置流官，也不干涉其内政，在军事上也未曾要求他们助辽作战，其入贡方式也大多是以朝贡贸易为主。

综上，辽政权对其统治区域内的众多民族，采取"因俗而治"的民族政策，其开放性和包容性，为辽境内各民族的杂处以及交往交流提供了条件。

（三）各民族间的交融共通

在"因俗而治"政策的影响下，辽境内的各民族互通有无，交融共通，对统一的多民族国家和谐稳定发展及中华民族多元一体格局的构建起到了重要的作用。

物质文化的交流与互通。物质文化的融合是民族融合的首要层次，也是民族融合中存在最为广泛的层次，辽政权下的各民族在物质文化方面的融合主要表现在生产、生活等方面，具体包括生产方式、饮食、服饰、建筑等。

农业、畜牧业方面。契丹族的社会经济形态以畜牧业为主。在阿保机祖父匀德实时期已经有了农业，但是囿于自然环境的恶劣以及农耕技术的落后等方面，农业粗放，发展比较缓慢。辽太祖时，将俘获的汉族及其他民族的民众安置在辽朝的核心地区，先进的生产技术和农耕经验由此在辽境内传播开来，为辽的农业发展注入了新鲜活力。契丹统治者为了发展经济，对农业生产也愈加重视，辽的农业逐渐摆脱粗放的生产形式。辽太宗时期，燕

华夷同风——宋辽金时代的文化交流

云十六州地区并入辽,辽境内的农业面积得以扩大。同时,与该地区一同并入的还有大批农业人口,为辽政权带来先进的生产技术和劳动力。辽政权还因地制宜,针对不同地区的不同特点对农业技术加以利用与改造,以更适合当地的发展。这种情况对当时的各族民众产生了非常大的影响。奚族与契丹族一样属于游牧民族,并入辽之后,由于土地适宜,又受汉族农耕的影响,在奚、汉杂居的地区,出现了大批奚族从事农耕的情况。渤海族在农耕方面更是如此。渤海族本身的农业水平就比较高,经过大规模的移民,与汉、契丹等民族杂处,将其农耕经验广泛传播。因此,辽时农业的发展,得益于包括汉、渤海、奚、契丹等在内的从事农业生产的各族民众,他们共同为辽的农业经济的发展贡献力量。各民族间的交往融合是相互的,不仅农耕式生产方式对契丹、奚等民族产生了影响,亦有汉等民族在畜牧业生产方式的影响下转而从事畜牧业生产。

居住建筑方面。契丹族长期以来都是逐水草而居,素无固定的住宅,以车帐四处为家,正如苏颂《契丹帐》所云:"行营到处即为家,一卓穹庐数乘车。千里山川无土著,四时畋猎是生涯。"[1]阿保机时期,得燕人所教,开始修建城郭宫室。由于汉人的增多,契丹统治者在宫城之外均筑有汉城,以供汉人定居,出现了"城郭相望,田野日辟"的景象。同时,根据政治、经济、军事、文化以及交通状况,自辽太祖时始建上京,到辽兴宗时期,历经120多年,辽在其统治区域内设置了五京。五京设置的背景及政治功能各不相同,但却体现了契丹族由原来分散的逐水草而居向

---

[1] 赵永春:《奉使辽金行程录》,商务印书馆,2017,第87页。

区域整合过渡的思想转变。这种状况对奚族的居住建筑也有所影响。奚族所居之地森林众多，木材资源丰富，其居处多"草庵板居"。在房屋建筑与装饰方面，编制篱笆置于院落等传统的汉族建筑因素也见之于奚族房屋建筑之中，同时受契丹族"东向"的影响，奚族的房屋大多也是坐西朝东。

　　服饰方面。契丹族一直以来生活的地区气候比较寒冷，有草原、高山、森林等地理环境，气候和地理环境直接影响到契丹族的服饰。其服饰特点主要有髡发、圆领、左衽、多紧身皮质短衣或长袍，腰间束带，脚蹬靴子。受游牧生活以及四周环境的影响，契丹族在游猎过程中容易多得动物皮毛，以皮毛制成衣物，可以抵御北方严寒的天气，既方便又保暖，实用性很强。北宋沈括在《梦溪笔谈》中对契丹服饰的特点概括如下：窄袖绯绿短衣、长腰靴、蹀躞带。这种服饰的特点在于窄袖利于骑射，短衣长靴便于涉草。辽朝建立后，其境内汉族人口增多，契丹族同汉族接触机会也逐渐增多，加之崇儒修文政策的确立，受中原礼制的影响，辽将服饰纳入礼制的轨道，服饰所具有的社会礼仪功能和政治伦理功能逐渐得到重视，辽太宗时确立了衣冠之制，即皇帝同南面官皆汉服，太后及北面官皆契丹国服，在行大礼之时，契丹三品以上官员须着汉服。辽景宗乾亨年间，重新制定衣冠之制，在举行隆重典礼时，三品以上的契丹族官吏也须着汉服。北宋使臣路振使辽时见辽圣宗、承天太后、朝臣的装束如下：辽圣宗穿着汉服、黄纱袍、玉带；秦王隆庆以及楚王皆穿着汉服，契丹朝臣惕隐相公耶律英以及常温相公皆穿着胡服，承天太后头戴凤冠、身穿凤袍，可见，最晚从辽圣宗朝开始，"蕃臣皆胡服"的衣冠制度已经发生了改变，部分契丹族官员根据场合的需要也身穿汉服，承天太后的穿着与北宋皇后的穿着相似,明显受到汉文化的影响。此外,契丹、渤海等民族的平民中亦有效法汉族穿丝、棉、麻制品的风尚。

契丹服饰对其境内统治下的汉族也有着一定的影响,如辽统治下燕云十六州的汉人,在与契丹、奚、渤海等民族的长期交往中,其服饰逐渐发生改变。以髡发为例,髡发是契丹族男女通行的发式,其样式为剃去头部顶端的头发,留少量余发在两鬓或前额部分,或是将耳边鬓发披散下来,或是将其编成小辫。熙宁元年(1068年)北宋苏颂使辽,其所作《和晨发柳河馆憩长源邮舍》中有对

契丹人物　库伦7号辽墓壁画[1]

---

[1] 罗春政:《辽代绘画与壁画》,辽宁画报出版社,2002,第74页。

髡发的描述:"敌中多掠幽、蓟之人,杂居番界,皆削顶垂发以从其俗,惟巾衫稍异,以别番汉耳。"[1] 这表明,幽、蓟地区的汉人受契丹风俗的影响,入乡随俗,发式已明显契丹化。燕地女子也接受了契丹族传统的髡发发型,宋代庄绰《鸡肋编》中记载,良家士族女子亦皆流行契丹髡发,许嫁之后才开始留头发。

穿着方面,北宋沈括在《熙宁使契丹图抄》中记述:燕、蓟地区的汉人,衣冠语言皆留有旧俗,惟男子着装上与契丹相似,靴足、幅巾、垂其带的特征明显,女子则连裳,这些服饰特点就是典型的契丹族服饰特点。北宋使辽使臣苏辙在其诗作《燕山》中云:"哀哉汉唐余,左衽今已半。"[2] 其《奉使契丹二十八首·出山》一诗中有"汉人何年被流徙,衣服渐变存语言"[3]之诗句。契丹服饰对其他民族也具有一定影响,如渤海族穿着带有契

宝山村1号辽墓西侧室西壁壁画中的侍仆[4]

---

1 赵永春:《奉使辽金行程录》,商务印书馆,2017,第81页。
2 赵永春:《奉使辽金行程录》,商务印书馆,2017,第127页。
3 赵永春:《奉使辽金行程录》,商务印书馆,2017,第128页。
4 孙建华:《内蒙古辽代壁画》,文物出版社,2009,第27页。

丹族风格的服饰。以上表明，辽统治下的各民族由于长期的交往、交流、交融，在服饰方面出现了互相影响的局面。

饮食方面。受地理环境和气候条件的影响，契丹族的饮食结构比较单一，随着疆域的扩大、产地的多元化、饮食原料的传入，粮食、果蔬种类渐多，使得食物种类愈加丰富，其饮食结构逐渐呈现多元化。契丹族一直是畜牧畋渔以食，以肉类、鱼类、乳品为主，鲜有粮米蔬果。随着物质经济的发展和民族融合，契丹族开始食用甚至栽种蔬菜、水果。尤其是燕云十六州并入辽后，使得辽境内果蔬种类大大增加。沈括《熙宁使虏图抄》中记载，契丹的粟、瓜果都依赖于燕，不易腐烂的粟米用车运输，容易变质的瓜果以快马送到辽帝处。其主食结构也开始多种多样，《辽史·礼志》中记载，在各种庆典、宴席上，既有酒肴、茶膳，又有馒头、水饭。其社会风俗中，正月初七人日（传说女娲创世时于第七天造人）时，于庭中食煎饼，谓之"薰天"，可见煎饼已成为当时的主食之一。

契丹之初，尚不知种植蔬菜，只采食野菜。如辽人刘经的《野韭诗》描述："野韭长犹嫩，沙泉浅且清。"辽境内还有铁角草，契丹族采之令之阴干，投入沸汤中，顷刻间茎叶舒展如生。后来受中原饮食文化的影响，契丹族学会了培育种植蔬菜，使蔬菜成为主要副食之一。此外，契丹族还从西域引进栽培回鹘豆。回鹘豆高二尺许，直干，有叶无旁枝，角长二寸，每角止两豆，一根才六七角，色黄，味如粟。契丹族食用蔬菜的方法，除生食之外，也能烹炒或熬汤、煮羹等。如辽兴宗曾在汉臣张俭家进食，张俭奉上葵羹干饭。这里的葵是一种水生野菜，是常见的羹汤原料。有时，契丹族也将蔬菜同粮米混在一起做成干饭。饮食方面往往混搭，无论是本民族饮食习俗，还是汉族饮食习俗，都一并纳入自己的饮食体系。北宋王安石在《北客置酒》中描述："紫衣操鼎置客前，巾鞴稻饭随梁饘。引刀取肉割啖客，银盘擘臑捣与鲜。殷勤劝侑邀一饱，卷牲归馆觞更传。山蔬野果杂饴蜜，獾脯豕腊如炰煎。"[1] 可以明显看出，契丹族的饮食种类有各种肉类、粮食作物、蔬果、蜜饯果干等。

契丹族饮食中多肉、奶，这类食物较为油腻、不易消化，而茶叶正好中和这一特性，另外，滚开的热茶可以灭菌，增强身体的健康。受饮食结构的影响，契丹族对于茶有着一定的依赖，加之在佛教文化中，禅与茶往往密不可分，饮茶诵经成为社会上的新风尚，而辽的辖区内，长城以北以游牧为主，长城以南的燕云十六州则是农业区，都不合适茶树的生长，茶叶自然是靠北宋地区的输入。澶渊之盟后，辽宋边境之间多设榷场，辽输入宋的主要是牲畜、毛皮、珍禽等，宋输入辽的则以盐、铁、丝织品、货币、金银为主，其中以茶叶为大宗。北宋专设茶法收税，往往茶盐之税利并提。除了茶叶，茶具也是大宗，陈述《契丹社会经济史稿》中记载，茶具属工艺品一项，输入辽的有"茶笼、燎炉、箱笼（宋、辽榷场商品）、藤制品等。"[2] 此外，辽宋双方每年互派使臣，使臣往往携带大量礼物，其中，宋朝给辽帝及太后的贺礼中多有与茶相关的器具和各种茶品，如茶器、乳茶、岳麓茶等，辽政权中的饮茶之风可见一斑。不同阶层都有饮茶的习俗，但饮茶的种类以及制茶的方式可能有繁简不同。辽人饮用之茶主要有饼茶和散茶两种。饼茶又称"团茶"，比较贵重，只有契丹贵族才能享用，

---

1 赵永春：《奉使辽金行程录》，商务印书馆，2017，第62页。
2 陈述：《契丹社会经济史稿》，生活·读书·新知三联书店，1963，第133页。

普通民众只能饮散茶。茶叶引入辽朝之后,受当地的地理、气候条件以及人们生活习俗的影响,除了吃清茶之外,契丹族根据自

备茶图　张匡正壁画墓(M10)[1]

1　河北省文物研究所:《宣化辽墓壁画》,文物出版社,2001。

己的饮食习惯，以盐与牛乳、茶共煮而成乳茶，形成了独特的茶文化。但二者都用执壶煮汤这一点又是相同的，其互相影响可想而知。社会上饮茶之风日盛，出现了很多茶肆，可以在此品茶谈天、下棋为乐。南宋洪皓在《松漠纪闻》中记载，燕京地区的茶肆"设双陆局，或五或六，多至十，博者蹴局，如南人茶肆中置棋具也"[1]。这种饮茶之风在辽墓壁画中也多有体现，如河北宣化辽墓壁画中多有选茶、碾茶、烹茶、用茶及茶具、茶点等内容，对碾茶、煮茶、点茶工序和各种茶事用具都有详细的描述。河北宣化辽墓中出土了一些与茶道有关的器物，如茶托子、注壶、茶碗、漆匕之类。此外，在一些碗中发现有栗子、枣、葡萄、豆、面制品等，"这些可能是墓主人饮茶同时吃的一些小的水果、食品之类。在7号墓壁画中有一女孩从一吊篮中取桃子，一契丹装束男童接桃，桃子可能也是饮茶间的小食品。即一面饮茶一面吃食物，是饶有兴味之享受。"[2]

手工业。手工业主要包括纺织业、陶瓷制造业、车辆制造业等。纺织业方面，早在阿保机仲父述澜为于越时，纺织业就已经出现。渤海国、燕云十六州陆续并入辽政权后，这些地区先进的纺织技术也随之传播开来，使得辽政权中的纺织业快速发展起来。比较有代表性的是内蒙古阿鲁科尔沁旗耶律羽墓出土的雁衔绶带锦、花树狮鸟妆花绫和鹧鸪海石榴纹妆花绫，内蒙古赤峰市翁牛特旗解放营子辽墓出土的烟色泥金印花四绞罗、绛色印花四绞罗、烟色绣花四绞罗、烟色贴金绣花四绞罗、黄色地靛蓝印花四纹罗、黄色回纹绘花绮、黄色绘花绢、烟色提花绫、四鸟串花二色锦等

1　赵永春：《奉使辽金行程录》，商务印书馆，2017，第326页。
2　郑绍宗：《河北宣化辽墓壁画茶道图的研究》，《农业考古》1994年第2期。

丝织品残片，这种高超的织金、妆花、印染技术和刺绣工艺，足以说明当时纺织技艺的提高。到辽中期，还出现了纺织业的专门化趋势，出现专门从事蚕织的人户。陶瓷业方面，当时社会中的陶瓷制造业吸取了中原的制造方法，同时又形成了独具特色的造型和工艺。车辆制造业方面，生活在辽境内的奚族擅长制造车辆，由于奚族居住地区多是山地，故其所造之车多适合山地行走，这种奚车被契丹族广泛使用，亦被汉族民众所用，并加以改进，以符合自己的审美及习惯。

商业方面。由于农、牧、手工业生产的发展，促使商品贸易不断发展。辽境内各民族间的商业贸易往来密切，如南京城的商业规模很大，店铺有百余家。上京地区有回鹘营，用来接待回鹘商人。奚族驻地附近出现悬挂商业木制朱色招牌的店铺。同时，辽政权和周边诸族、诸国的贸易往来频繁。其中，辽宋之间的经贸交流包括交聘贸易、榷场贸易和民间贸易等形式。澶渊之盟后，每年的正旦、帝后生辰、祭吊、贺登位之际，辽宋双方都互相派遣使臣，达到交好目的的同时，又以出使和回赐礼物达到了商品交换的目的。辽宋之间亦有榷场贸易，北宋很早就对辽设置了榷场，澶渊之盟后辽对北宋也开始设置榷场。双方交易的物品主要有北宋的香药、犀象、茶、苏木、九经书疏、缯帛、漆器、粳糯、瓷器、铜、锡等。辽输出的主要有银钱、布、羊马、橐驼、毡、酒等。辽宋之间的榷场贸易促进了二者的贸易往来，但受到国家的控制，也需要缴税，不能完全满足民众的需求。民间贸易由此而生，贸易的物品包括粮食、铜钱、马匹、盐、书籍等。

辽与东北诸部族的经贸往来主要是同生女真诸部之间的贸易，包括缴纳贡赋和往来贸易。生女真向辽缴纳的贡赋有马匹、土产以及协助契丹统治者围猎的猎人。女真族居住区域地饶山林，田宜麻谷，土产人参、蜜蜡、北珠、生金、细布、松实、白附子，禽有鹰、鹁鸽、海东青之类，兽多牛、马、麋、鹿、野狗、白彘、青鼠、貂鼠，其进贡的土产大多以上述特产为主。同时，辽在临近生女真的宁江州设置了榷场，用于双方交易，在一定程度上加强了双方的联系。辽和五国部（五国部，指剖阿里国、盆奴里国、奥里米国、越里笃国、越里吉国五国）之间也有贸易往来。由于五国部所在地区盛产海东青，海东青又是契丹贵族渔猎时必不可缺之物，深受契丹统治者的喜爱，因此辽专门开辟了至五国部的鹰路。通过这条鹰路，五国部和辽的经济交流不断发展。

辽与东部诸国如高丽、新罗、日本之间也有贸易往来。关于辽和日本的往来朝贡，据《辽史》记载，辽太祖天赞四年（925年）和辽道宗大安七年（1091年）分别有日本来贡的记载。关于辽和新罗的往来贸易，辽太祖九年（915年）、辽太祖天赞四年（925年）有新罗遣使贡方物的记载，《契丹国志》则记载了新罗入贡的物品有金器、铜器、藤造器物、绵绸、细布、粗布、酒醋、脑元茶、成形人参、无灰木刀把、细纸墨等物，辽回赐的物品有犀玉腰带、细衣、金涂鞍辔马、素鞍辔马、散马、弓箭器杖、细绵绮罗绫、羊、酒果子等。辽和高丽接壤，因而接触较多，史书所见朝贡次数也较多。此外，辽朝还设置了榆州榷场和保州榷场，以促进双方之间的贸易往来。

辽与西夏之间朝贡贸易频繁，西夏朝贡辽的物品包括牲畜、毛皮、苁蓉、甘石、井盐等，辽回赐其金腰带、细衣等物品，双方亦互赠佛经。辽对西夏同样设置了榷场。此外，辽、西夏边境时有走私贸易发生，主要以马、金、铁等为主。

辽与西域诸国，如回鹘之间的往来尤为密切。据《辽史》记载，回鹘各部使节入辽贡物或求赐达50多次，入贡物品有玉、珠、乳香、斜合、黑皮、褐里丝等。其余如高昌国、龟兹国、于阗国、大食国、小食国等，都有向辽入贡的记载。每次朝贡，多达百余人，商贸意图明显。同时，辽朝的回赐往往不下40万贯。

精神文化的交流与融合。随着时代的发展，契丹、汉及其他民族之间文化的交流、融合也在不断地扩展深入，主要体现在文字、节日习俗、宗教信仰、绘画雕塑、乐舞等方面。

文字。在不同文化相互交融之时，文字会吸收新的语言成分与原有的一部分融合在一起。美国语言学家、人类学家爱德华·萨皮尔曾说"语言和文化一样，很少可以自我满足。由于人际交往的需求，说某种语言的人经常会和周边的其他文化发生接触。这种接触也许是友善的，或许是敌对的，它可以从政治或贸易等关系来交流，也可以包含一些外来的精神食粮，像艺术、科学、宗教之类。要想指出一种完全孤立的语言或者方言是一件很困难的事情。"[1] 无论相临近的民族间接触的程度或相互之间交往的性质如何，都足够引起两种语言文字的交互影响。契丹族本无文字，惟刻木为信，随着社会发展的需要，在辽太祖的支持和倡导下，契丹文字得以创制。契丹文字分为契丹大字和契丹小字。契丹大字创制于辽太祖神册五年（920年），通过增减汉字的笔画、再借用其他笔画数相对较少的字构成。契丹小字据史料记载为辽太祖之弟耶律迭剌创制，年代略晚于契丹大字，通过参照汉字和契丹大字的字形，同时借鉴回鹘文字的拼音方法制成。契丹文字与

---

[1] 罗常培：《语言与文化》，北京大学出版社，2015，第22页。

汉字在辽政权中通用，很多契丹贵族都能掌握汉字的用法，能用汉字书写、创作诗词与文章。

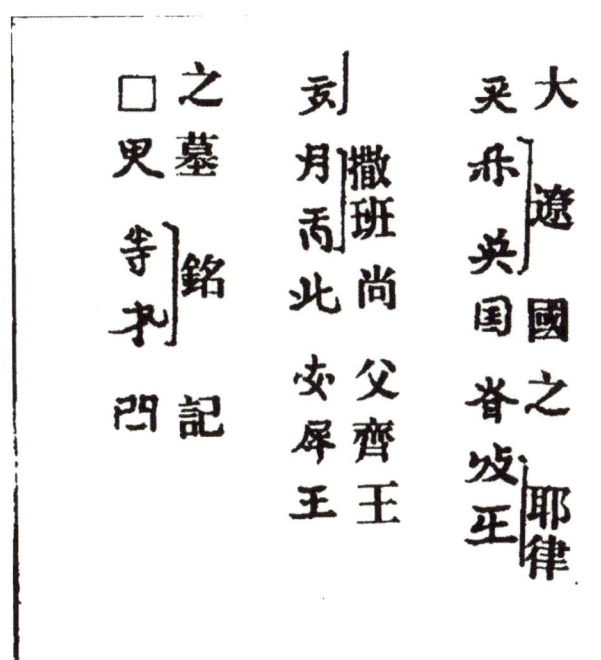

耶律祺墓志盖台面契丹大字[1]

节日。辽朝庆祝的节日，有很多都是深受汉族节日的影响，如正旦、立春、中和节、佛诞节、上巳节、寒食节、清明节、夏至节、端午节、中秋节、重阳节、腊辰节、冬至节等，皆源于汉文化。其节日庆贺的具体内容，如立春进春书、端午采艾叶、吃艾糕等都源于中原的节日习俗。但在庆祝这些节日时，也会加入

---

[1] 刘凤翥：《契丹大字〈耶律祺墓志铭〉考释》，《内蒙古文物考古》2006年第1期。

一些契丹本民族的习俗，使之更易于本民族接受。如上巳节，在中原地区，这一天要祭祀宴饮、曲水流觞、郊外游春，而契丹族吸取了这些文化习俗，也要到郊外休闲踏青，但却加入了射猎等活动，即用木头雕成兔子造型，分两队骑射，先射中的一方取胜，输的一方下马跪奉酒，胜者于马上接盃而饮之。重阳节亦是如此，保留登高、饮菊花酒等中原文化习俗，加入了契丹族的射虎之俗，并食用极具契丹特色的鹿舌酱拌生兔肝。可见，辽朝在吸收中原文化节日时并非全盘照搬，而是融入契丹族传统的骑射、狩猎等习俗，使之更加适合本民族的习惯，以达到保持其尚武的传统。

宗教信仰。契丹族原始的宗教崇拜以自然崇拜为主，如崇拜天、地、日、山等，信奉萨满教。随着民族融合，尤其是汉族的迁入，诸如佛教、道教等也一并传入，宗教信仰自由成为这一时期的主要特点。契丹族传统的萨满教信仰此时也有所改变。如在祭祀木叶山和黑山的仪式中，祭祀不再使用牛、马、羊等实物祭祀，转而使用纸张制作的衣物，这说明契丹族原始的宗教信仰虽未发生改变，但其形式受到汉文化的影响已经发生了变化。

随着汉族人口的大量迁入，佛教也随之传入，契丹统治者对佛教大力提倡，如辽太祖时就已修建了不少佛寺；辽太宗屡访寺庙，多次布施僧侣；辽圣宗对佛教多有研究，多次布施僧尼；辽兴宗时，佛教得到进一步发展；辽道宗亦好佛法，能自讲其书。在契丹统治者的示范和推动下，崇佛逐渐成为当时社会的普遍行为，佛塔、佛寺遍布全境。不只是佛教盛行，道教也有所发展。神册三年（918年），辽太祖下诏修建孔子庙、佛寺、道观，道教由此传播开来。但是，道教对辽朝的影响远不如佛教之大，信徒也不及佛教信徒之多。由于道教与契丹传统信仰在起源和内容上有相近的一面，契丹族在很大程度上接受了道教宣扬的风水、追求长生、炼丹成仙以及降妖镇魔、治病除灾等观念。如赤峰市巴林右旗博物馆中收藏有一枚道教的符箓，这种符牌既是道教中的护身符，又具有契丹传统巫术中辟邪的功能，反映了这一时期道教与契丹传统宗教信仰碰撞、融合的现象。

契丹族的宗教信仰与回鹘也有着密切的联系。9世纪左右，摩尼教被奉为回鹘汗国的国教，在回鹘汗国中广为流传，辽朝境内有很多回鹘人经商和生活，他们把摩尼教带入了辽朝，在契丹人的生活中留下了很深的印记。如阿保机被称为"大圣大明天皇帝"，其妻述律平被称为"应天大明地皇后"，其封号中的"明"具有鲜明的摩尼教信仰元素。在摩尼教中，"明尊"或"大明尊"是最高神，"明界"或"光明界"是其理想世界。据此，有学者推测辽太祖时期的"明王楼"很有可能就是一个摩尼教宗教场所。

回鹘除信奉摩尼教之外，也信奉佛教。在回鹘汗国，摩尼教与佛教关系密切，二者在传播过程中相互融合，这一点也体现在辽朝的佛教信仰中。如辽太宗将大悲阁中的观音迎立到木叶山上时，观音像为白衣素服，而白衣素服是摩尼教的显著特点之一。除此之外，辽朝境内多白色佛塔，被当地人俗称为"白塔"，如位于今赤峰市巴林右旗索布嘎的辽庆州释迦如来舍利塔、今呼和浩特市东郊的万部华严经塔、今辽宁省辽阳市白塔区的辽阳白塔、今天津市蓟州区的蓟州白塔等，都是典型的辽塔。

华夷同风——宋辽金时代的文化交流

位于呼和浩特市东郊的万部华严经塔

辽时还有景教信仰。景教即基督教的聂斯托利派，早在唐初就已经传入中国。唐武宗灭佛运动时，景教受到了严重打击，寺院被焚毁，教徒被驱赶，几乎一蹶不振。一部分景教信徒改信其他宗教，一部分景教信徒迁徙到了北方草原地区，还有一部分景教信徒迁徙到了天山南北。契丹族的景教信仰与回鹘有着密切的联系。唐末汪古部迁居到阴山地区，到了辽时，契丹统治者封其首领为详稳（诸官府监治长官），双方开始往来。汪古部正是回鹘西迁后遗留下的信奉景教的回鹘后裔，使得契丹族中也开始有人信仰景教。据考古调查发现，景教信徒的墓碑和十字架在内蒙古辽上京、辽中京遗址以及北京房山县辽景教十字寺等地都有发现。

绘画雕塑。辽初，契丹族绘画技法较为质朴，多以人物、马匹等反映游牧生活与自然风光为主。辽中期以后，契丹族在绘画方面逐渐吸收汉文化因素，形成了融通南北的独特风格，具体表现在：绘画技法更加细腻柔和，在画法上吸收了汉文化绘画中重装饰的特点，增加了装饰性花纹。注重细节的描摹，如对事物细节状态的描绘以及对线条的勾勒上细致自然，恰到好处。绘画内容上，受契丹本民族生产生活方式的影响，多绘有出行图和归来图，如通辽市库伦旗奈林稿苏木前勿力布格村辽墓南北壁皆绘有此类壁画。受道教和佛教的影响，绘画中的宗教元素多种多样，如辽墓、寺庙及建筑构件以及佛塔宫室中的佛教题材壁画、彩绘等，常见绘有火焰宝珠、金刚、莲花、僧人、菩萨、明王、飞天、菩提树、莲花文饰彩绘、伽陵频伽纹饰彩绘以及佛教信徒诵经礼佛活动等内容的画作。赤峰市阿鲁科尔沁旗东沙布日台乡宝山村2号辽墓就绘有《颂经图》。辽宁省阜蒙县关山辽墓群M3辽壁画墓南壁、北壁各绘丹顶鹤、祥云，小龛内各绘一名道士，脚旁伏一小龟。赤峰市巴林右旗岗根苏木床金沟5号辽墓壁画亦绘有隐含道教文化的祥云、仙鹤等。位于北京市石景山区的韩佚墓中有云鹤生肖图，上面绘有飞鹤和流云。关山萧和墓的壁画上绘有仙鹤、道士。赤峰市翁牛特旗广德公墓葬出土的墓棺上有青龙、白虎、朱雀和玄武的图案,这些都表明辽政权绘画中道教元素的丰富性。雕塑的内容及手法亦受到中原的影响,如辽宁省沈阳市法库县叶茂台七号辽墓中出土的石棺上雕刻有各式花草纹、天文图案、十二生肖图等。呼和浩特市万部华严经塔的塔柱上刻有蟠龙,其所雕刻的菩萨像生动优美。总之,辽朝的雕塑技法高超、形式丰富,是各种文化的融合之作。

颂经图　赤峰市阿鲁科尔沁旗东沙布日台乡宝山村 2 号辽墓[1]

1　孙建华:《内蒙古辽代壁画》,文物出版社,2009,第 50 页。

飞鹤图　赤峰市巴林右旗岗根苏木床金沟 5 号辽墓壁画[1]

乐舞。据《契丹国志》记载，契丹族吹叶成曲，并合以番歌，音韵甚和，可见契丹族很早就有了简单而原始的音乐，其乐器就是树叶。随着契丹族与其他各民族间的交往交流交融，这一时期的乐舞逐渐呈现出包罗万象、形式多样的特点。

乐舞有国乐、雅乐、大乐、散乐、鼓吹乐、横吹乐等，在这些内容丰富的乐舞中，国乐是契丹本民族的乐舞，主要用于特定节日的朝贺、宴饮之中。国乐中契丹风格浓郁，真实生动地反映了契丹族的风俗，代表性乐舞有《海青拿天鹅》《臻蓬蓬》等，其节奏鲜明、强劲有力，展现了北方游牧民族的雄健尚武之风。辽朝时期，西北诸部朝贡络绎不绝，故当时还设有诸国乐，主要用于接见诸国、部族使臣和宴飨时的场合，诸国乐包括汉乐、渤海乐、回鹘乐、敦煌乐、女真乐以及突厥、吐浑、党项、小蕃、

---

[1]　孙建华：《内蒙古辽代壁画》，文物出版社，2009，第 70 页。

沙陀诸部乐等，展现了不同民族音乐的异域风格，促进了各民族之间的音乐文化交流，反映了辽朝乐舞包罗万象的特点。

雅乐为中原的音乐文化，契丹早期并无雅乐，辽朝的雅乐有一部分是承袭唐代的乐舞，《辽史》中记载："辽雅乐歌辞，文阙不具；八音器数，大抵因唐之旧。"[1] 还有一部分是后晋高祖天福三年（938年），后晋皇帝石敬瑭所赠，其中包括雅乐、大乐、散乐乐工以及各种乐器等。大同元年（947年）辽太宗灭晋，得到了后晋的太常乐谱和宫悬乐架，并委任主管官吏运回中京。自此，辽朝全面继承了后晋的雅乐，用于宫廷乐之中。雅乐本身具有鲜明的政治性，对于迫切需要实现封建化的契丹统治阶级来说正好适用，这也是中原雅乐得以受到统治者重视的重要原因。在雅乐乐器使用方面，《辽史》中记载八音，分为金：镈、钟；石：球、磬；土：埙；革：鼓、鼗、建鼓；丝：琴、瑟；木：柷、敔；匏：笙、竽；竹：籥、箫、篪。这与唐代雅乐相比精简了许多，可见辽政权对中原雅乐并不是一味地模仿照搬，而是进行了改动，以便更加适合自身的特点。《辽史》中记载雅乐音中正平和、词典雅纯正、舞端庄有序。雅乐气势宏大，一般用于册皇帝尊号、太后、皇后、太子等大型、规格较高的礼仪场合、祭祀与朝贺之中。

辽政权的大乐既有很强的观赏性，又有庄重典雅的一面，主要用于节日庆贺、上寿仪等重大典礼。散乐内容广泛，是俗乐、杂戏的配合，主要包括歌唱、器乐合奏或独奏及戏马、角抵、俳优等项目，文献记载册封皇后仪礼时，百戏、角抵、戏马纷纷出场。戏马是契丹传统文化的体现，百戏、角抵则是汉文化的体现，

---

1 《辽史》卷54《乐志》，中华书局，2016，第982页。

角抵与摔跤相似，汉代时即有"作角抵戏"的记载。俳优即乐舞谐戏，与戏剧类似，俳优内容多取自中原地区的人物典故，常"以夫子为戏""以先圣为戏"，比较著名的有《夹谷会》等剧目。散乐是单纯的娱乐性乐舞，没有固定的使用场合，多随机而用。

鼓吹乐由打击乐器与吹奏乐器组成，有时也伴有歌唱。鼓吹乐主要用于行军、礼仪和宫廷的宴乐之中，其风格庄重雄壮，充分体现了契丹族的骁勇尚武之风。横吹乐属于军乐，横吹是指用横笛作为主奏乐器，一般由鼓、角、横笛、筚篥和排箫等乐器组成，横吹乐用于马上演奏，这也符合契丹族极为日常的出行生活方式。

乐器有琵琶、筚篥、箫、笛、笙、五弦、箜篌、腰鼓、大鼓、毛员鼓、答腊鼓、箜篌、筝、方响、杖鼓、第二鼓、第三鼓、鞚、拍板等。《契丹风土歌》中有"大胡牵车小胡舞，弹胡琵琶调胡女"之语，可见琵琶在当时的社会处处可见，是当时契丹族生活中常见的乐器。筚篥来自龟兹，其声悲怆苍凉。箜篌也是西域乐器，据杜佑《通典》记载是胡乐。毛员鼓是细腰鼓，属西域打击乐器。答腊鼓是古代龟兹的打击乐器，与羯鼓相似。鞚即马鞍，是一种工具，契丹族将之当作乐器。多种多样的乐器在辽墓壁画和器物上都有体现，如通辽市科尔沁左翼后旗吐尔基山辽墓出土的乐舞鎏金银带具上有胡人乐舞图案，图案中有胡人坐于莲花上吹奏弹拨乐器状，乐器中有筚篥、曲颈琵琶、腰鼓等。赤峰市敖汉旗萨力巴乡水泉辽墓出土的玉带饰上也有胡人乐舞图案，乐队由7人组成，乐器有毛员鼓、曲颈琵琶、筚篥等。赤峰市敖汉旗羊山辽墓壁上绘有散乐图，其中1号墓壁画中，有髡发男子持箫吹奏、有人手持拍板演奏、有人双手持小锤敲击演奏，此外还有腰鼓、大鼓、筚篥、横笛等乐器。3号墓壁画中绘有两位汉族装束的乐

工在吹奏横笛和筚篥。赤峰市敖汉旗羊山辽墓乐舞图中绘有契丹族和汉族乐工共同演奏的画面,具有胡汉相融的审美特征,从乐

蓟州白塔浮雕吹筚篥乐舞人[1]

---

[1] 巴景侃:《辽代乐舞》,万卷出版公司,2006,第84页。

器配置上来看，既有演奏乐器，又有打击类乐器。辽宁省凌源市小喇嘛沟辽墓中的散乐图上绘有乐工4人，其一持横笛演奏，其余分别演奏拍板、大鼓、筚篥。河北省张家口市宣化区辽墓壁画中，也随处可见大鼓、腰鼓、筚篥、笙、横笛、拍板、大鼓、琵琶、排箫等乐器。此外，天津市蓟州区独乐寺白塔上也雕有吹筚篥的乐舞人。

在乐舞艺术的发展过程中，契丹族除了继承本民族传统乐舞艺术外，还广泛吸收中原地区的乐舞文化。如中原地区传统的剑舞就被辽朝引进并加以改进，如改变剑的长度，舞剑服饰上融合了契丹族特点，这一点可从北京市房山区云居寺白塔正南面浮雕的舞剑图中看出。随着道教的传播，道教乐舞也随之流传开来。如反映道教羽化登仙思想和讲述道教仙人故事的乐舞流传的比较广泛。太平元年（1021年），辽圣宗驾幸通天观，在道观里观看了鱼龙曼衍之戏。鱼龙曼衍是带有幻术表演的乐舞节目，早在汉代就成为百戏中的代表性节目。舞人在表演时结合幻术，讲述了道教修炼中的鱼飞升为龙的幻化故事。

辽朝的乐舞与北方民族地区及周边国家的乐舞文化有着千丝万缕的联系，包括渤海乐舞、突厥、回鹘、敦煌、女真乐舞等。北宋出辽使臣王曾记述，渤海族有一种传统的歌舞活动——踏锤，每当重大节日聚会作乐时，善舞者数辈前行，后面有女子相随，更相唱和，歌舞回旋宛转，颇受渤海族的喜爱。这一歌舞形式在辽朝境内广泛流传，颇受契丹族喜爱。到渤海国归附辽后，依然保留了"踏锤"这一歌舞习俗。除了踏锤，渤海琴也为契丹族所喜爱，在辽朝境内广为流传。渤海琴状如铁锹，是演奏渤海乐所使用的乐器，即后世之三弦。云居寺北塔的束腰上有砖雕伎乐人

华夷同风——宋辽金时代的文化交流

蓟州白塔辽代砖雕舞人[1]

图像，其中两名伎乐人均手持三弦，该三弦状如铁锹，与渤海琴形制如出一辙，体现出辽与渤海国之间的音乐文化交流。《辽史》

---

[1] 巴景侃：《辽代乐舞》，万卷出版公司，2006，第69页。

中记载，会同三年（940年）端午日，百官以及诸国使臣宴饮庆祝时，辽帝命回鹘、敦煌使臣即兴跳本国舞；天祚帝春捺钵时，让女真部完颜阿骨打跳舞，被阿骨打拒绝。从乐舞的角度看，回鹘、敦煌、女真使者跳舞，本身也是一种乐舞的交流。这在蓟州白塔中有所体现，其上刻画的图案中，既有汉族舞者，亦有胡人舞者。胡人舞者典型的特点如下：满脸胡须，头着三角尖帽，身着长款袖袍，腰间系有长腰带、脚蹬长靴。其舞姿也是颇具典型性：右手持巾，左手在后，左脚点地，膝盖弯曲，右脚抬起欲起舞，形象活灵活现。《北史》中记载突厥人的典型形象为常戴角帽，云居寺砖雕中的乐人形象与此相似。

辽政权的乐舞中有一种名为胡旋舞，这是一种简洁明快、律动性非常强的舞蹈，源自西域。从文化交流的角度看，早在唐时契丹族就已经接触了这种舞蹈。到辽时，器物、装饰品上刻画有胡旋舞造型的比比皆是。如通辽市吐尔基山辽墓出土的乐舞鎏金银带具上有胡人乐舞图案，图案中胡人脚踩莲花毯翩翩起舞，对舞的两人一臂上举，一臂下摆，做旋转状，是典型的胡旋舞形象。赤峰市敖汉旗萨力巴乡水泉辽墓出土的玉带饰上也有胡人乐舞图案，一胡人单脚立于圆形垫上，一手上举，一手下摆，跳胡旋舞。在民间收藏《契丹——辽宫廷乐舞图》中也有胡旋舞的踪迹，画面中契丹君臣三人欣赏胡旋舞，亦有八名契丹伴奏乐工，手持拍板、木鱼、铃、大鼓、唢呐、琵琶、笙及竹笛进行伴奏，较之唐代胡旋舞的伴奏乐器有所不同，减少了鼓类乐器，增加了拍板、木鱼，并将契丹族较为喜爱的唢呐和琵琶加入其中，更能适应契丹族的爱好。

辽政权有关诸国乐舞中最常见的题材是"胡人舞狮"。西域尚狮，无论印度还是波斯，狮子被赋予神灵色彩，宗教民俗中都加以推崇，是神力和权威的化身。史料记载西域向辽进贡的贡品中就有狮子。辽时壁画、绘画、砖雕上有很多狮子形象，如赤峰市宁城县小刘杖子辽墓出土的三彩暖盘上就有胡人驯狮的图案，呈现出胡人奏乐舞动驯狮的画面。赤峰市敖汉旗撒力巴乡喇嘛沟村出土的胡人骑狮瓷像中，深目高鼻的胡人骑在狮身上进行驯狮弹乐表演。赤峰市辽庆州白塔浮雕上刻有胡人牵引狮子的图案。赤峰市敖汉旗北三家一座辽墓的天井西壁上绘有狮子踏鼓起舞的壁画，鼓面坐一雄狮用蹄击鼓。

各民族杂居共融，加上辽朝因俗而治的统治政策，使得这一时期的乐舞蓬勃发展起来，既有契丹民族传统的乐舞，又对其他民族的乐舞博采众长、兼收并蓄，促成了多民族乐舞之间的广泛交流与融合，呈现出多姿多彩的局面。

二、崇儒修文的文化认同

（一）"尊孔崇儒"的文教政策

随着契丹统治者征战四方，辽朝统治区域逐渐扩大，境内民族日益增多。契丹统治者逐渐认识到单纯用以往的统治方式，已无法解决政权庞大后的各种问题，急需一套行之有效的治国安邦之术。辽太祖曾召集群臣，讨论确定以何种思想安邦治国，太祖问诸臣："受命之君，应当事天敬神。有大功德者很多，想要祭祀他们，应该首选哪一位？"大臣们都认为应该选择释迦牟尼，辽太祖却不同意，此时太子耶律倍进言说："应该尊崇孔子，孔子是圣人，受到万世敬仰，应该先祭祀孔子。"此言正合辽太祖之意，遂采纳耶律倍的建议，于神册三年（918年）在上京建立了孔子庙，下诏皇太子于春秋释奠。自此，辽政权以儒家思想为治国安邦的主体思想便正式确立下来。开始兴办儒学教育，通过各种方式推动儒学的发展，《辽史》中记载了儒学推广过程中辽帝的各种作为，现举数例如下：

  神册三年(918年)五月，(太祖)诏建孔子庙、佛寺、道观。
  神册四年(919年)秋八月，谒孔子庙，命皇后、皇太子分谒寺观。
  清宁元年(1055年)十二月，诏设学养士，颁《五经》传疏，置博士、助教各一员。
  咸雍十年(1074年)冬十月，诏有司颁行《史记》《汉书》。
  大安二年(1086年)春正月，召权翰林学士赵孝严、知制诰王师儒等讲《五经》大义。
  大安四年(1088年)夏四月，召枢密直学士耶律俨讲《尚书洪范》。
  大安五年(1089年)三月，诏析津、大定二府精选举人以闻，仍诏谕学者，当穷经明道。
  ……[1]

诸如此类，不胜枚举。正是由于"尊孔崇儒"文教政策的确立，使得儒学广泛传播开来。既为统治阶级提供了统治策略，又成为当时社会各阶层遵守的道德标准。

---

1 根据《辽史》整理所得。

（二）形式多样的实施途径

各级学校的设立。辽时设立了官学，以促进儒学的发展，同时，私学也兴起，同样促进了儒学的发展。

官学的盛行。"尊孔崇儒"的文教政策一经确立，辽政权便相继在上京、东京、南京、西京、中京设立"五京学"，并于清宁六年（1060年）在中京置国子监。同时，在府、州、县设立府学、州学、县学。地方州县设立学校的记载比比皆是，如辽圣宗时于涿州设立州学，良乡县令大公鼎修建孔子庙学，新城县令马人望修建新城县学，耶律孟简在高州任内时修建学校，招收生徒。随着儒学的发展，京城与各地学校的渐次完善，各项配套措施也紧跟其后，如南京太学生数量增多，以至于校舍紧张，辽圣宗于统和十三年（995年）特赐水硙庄一区以缓解这种情况。

私学的兴起。关于辽政权的私学，仅就目前的史料所见，应该也有不少。如王鼎幼时即好学，曾在太宁山学习数年，博览经史。萧韩家奴年少有为，少时就读于南山，博通经史。翰林学士邢抱朴于应州创设龙首书院。上述所见太宁山、南山、龙首书院应该都是当时设立的私学。

辽朝设立的官学与私学，都以儒学经典为基本教材，以儒家经典教授诸生，逐步建立起以儒家思想为主的教育模式。入学学习者不限于汉人，史料中多有契丹族、奚族学习儒学的记载，如萧蒲奴幼时读书，聪敏嗜学，不数年，涉猎经史。耶律蒲鲁习汉文，未十年，博通经籍。奚族聚居的辽中京地区京学、府、州、县学齐备，奚族民众将儒家典籍收藏于家中，受儒学教育的影响可见一斑。官学、私学的兴起，培养出一大批有知识、懂儒家文化的人才，他们传播儒学、发扬儒学，使得儒学在社会上迅速发展起来。

科举制度的施行。辽太祖时期确定的"尊孔崇儒"的文教政策，在辽太宗时取得了进一步的发展。辽太宗在取得燕云十六州后，在南京析津府设置南京（太）学，推行科举制度，其目的是选取汉族、渤海族中的优秀人才以巩固统治。辽世宗、辽穆宗时期，内部多混乱，统治者无暇顾及科举之事，科举制度时断时续。保宁八年（976年），辽景宗下诏复南京礼部贡院，南京礼部贡院便成为管理科举事务的常设机构。至此，科举制度固定下来。统和六年（988年），辽圣宗下诏开贡举，并放进士一人，此为辽朝于全境内开科取士之始。自此，科举制度从南京逐步面向整个辽政权范围，扩大了科举制度在辽朝的地位与影响。

辽圣宗开泰三年（1014年）至天祚帝天庆八年（1118年）是科举制度发展的鼎盛阶段。由于澶渊之盟，辽宋双方遣使不断，辽朝需要每年选取知文史、有才华之人以备出使北宋，加之社会各方面都需用文化人才，由此扩大了科举范围，使得科举取士数量保持持续增长。辽圣宗在位49年间，放进士26次，最高一次达57人。辽兴宗统治16年内，取士次数较少，但每次均在50人以上。辽道宗期间，科举超越往昔规模，突破100人的就有四次。辽末天祚帝在位24年，虽处于内忧外困时期，但也有两次人数突破100人。辽圣宗统和二十七年（1009年）殿试制度开始实施，太平十一年（1031年）贡举法实行。辽兴宗承圣宗之制，对科举愈加重视，不仅亲自出题进行殿试，而且对及第进士给予极高礼遇，更对应试者的身份加以限制，诸如医卜、屠贩、奴隶及背父母或犯事逃亡者都不得举进士。如此种种，使得科举制度渐趋完善，其影响和地位也愈加凸显。

关于辽朝的科举制度，宋人叶隆礼在《契丹国志·试士科制》

中有较为详细的介绍：

> 太祖龙兴朔漠之区，佗偬干戈；未有科目。数世后，承平日久，始有开辟。制限以三岁，有乡、府、省三试之设。乡中曰乡荐，府中曰府解，省中曰及第。时有秀才未愿起者，州县必根刷遣之。程文分两科，曰诗赋，曰经义，魁各分焉。三岁一试进士，贡院以二寸纸书及第者姓名给之，号"喜帖"。明日举按而出，乐作，及门，击鼓十二面，以法雷震。殿试，临期取旨，又将第一人特赠一官，授奉直大夫、翰林应奉文字。第二人、第三人止授从事郎，余并授从事郎。圣宗时，止以词赋、法律取士，词赋为正科，法律为杂科。若夫任子之令，不论文武并奏，阴亦有员数。[1]

科举制度的施行，给辽政权带来了深刻的影响。其一，科举制度扩大了辽朝的统治管理阶层，拓宽了汉人入仕的途径。辽圣宗以后，尤其到辽道宗、天祚帝时，辽朝中的汉人官僚，如南枢密院、中书省的长官及其属员，大都为进士出身者。其二，科举制度一改之前孤陋无文的社会形态，使得当时社会上出现了乐慕儒宗、学诗礼以检身的社会风尚，深刻影响了当时社会风俗和文化礼仪，如为了保持契丹族尚武的习俗，起初科举制度仅允许汉人应试，不准契丹等民族参加，辽兴宗时还发生耶律庶箴擅令子就科目而鞭二百的事情。但随着儒学和科举影响的不断扩大，这一限制禁令逐渐松弛，各族士人争先应试，以期通过科举获取功

---

[1] 《契丹国志》，上海古籍出版社，1985，第226—227页。

名。契丹人耶律蒲鲁原本可以通过世选制度获取功名，但仍坚持参加科举考试，以求得进士出身，这一事例说明在契丹人的心目中科举具有极高的社会地位。

（三）学唐比宋的社会风尚

随着儒学在辽朝的传播和发展，其所倡导的儒家思想也逐渐为社会认同。一时间，学唐比宋的社会风尚日益浓厚。

日渐趋同的社会道德观念。由于所处环境恶劣、气候寒冷，契丹族必须拥有勇敢强悍的性格和强健的体格，才能够在恶劣的自然环境中进行生产活动，才能够抵御野兽的袭击以获取生存所必需的猎物，才能够击退来犯的敌人以维护本部落领地不受侵犯。同时，为了争夺土地、人口与牲畜资源，契丹部落常常与周边部族发生战争。因此，崇尚武力、鄙弃懦弱者和悲哭者是契丹族长期以来的道德观念，所谓"好为寇盗""贵壮健、贱老弱""父母死而悲哭者，以为不壮"等，都是契丹族长久以来形成的道德观念，被史家称为"其无礼顽嚚，于诸夷最甚"[1]。自辽太祖时确立起"尊孔崇儒"的文教政策之后，受儒家学说的影响，契丹民族原有的道德观念逐渐被摒弃，儒家思想中的"三纲五常"观念成为契丹统治者教化民众的道德准则，为广大民众所接受，而且在民众之中影响渐深，用以处理社会和家庭中的人际关系，成为社会各阶层民众奉行的道德标准与行为准则。

孝道方面。儒家思想主张以孝立身，以孝齐家，甚至以孝治国平天下，这种思想与契丹民族原有的尊母思想有相似之处，更加强化了民众关于孝道的观念。契丹统治者身体力行，以实际行

1　《隋书》卷84《契丹》，中华书局，1997，第1881页。

动践行了孝道的观念，如《辽史》记载神册四年（919年）九月，辽太祖外征乌古部，半路上听闻皇太后不豫，一日驰六百里还，侍奉太后，待其母病势稍好些才回到军中。会同五年（942年）丁丑，辽太宗听闻皇太后不豫，亲自侍奉，太后所进汤药必定亲自尝后才让太后进食，还举行了告太祖庙、幸菩萨堂、饭僧等为其母祈祷求福等活动。

除了统治者的亲身示范外，辽朝还以制定法律、宣布诏令、进行表彰等多种方式大力倡导和宣传孝道。据《辽史》记载："民间有父母在，别籍异居者，听邻里觉察，坐之。有孝于父母，三世同居者，旌其门闾。"[1] 对不孝敬父母者，法律则给予严惩，不得参加科举考试。统治者还对讲究孝道的家庭或个人予以奖励，以此彰显对孝道的重视。如开泰元年（1012年）十一月，辽圣宗对六世同居的前辽州录事张庭美、四世同居的仪坤州刘兴胤下诏褒奖，并免除了他们三年的赋税。咸雍十年（1074年）四月，辽道宗下令对三世同居的奚族达鲁赐官；大康四年（1078年）十一月任命四世同居的锦州民张宝诸子为三班院祗候；寿昌六年（1100年）十一月任命三世同居的天德军民田世为官，并提拔他的一个儿子为三班院祗候。如此一来，原有观念的影响加之统治者的提倡，把当时社会上的孝道观念推向一个高潮，出现了很多孝道的践行者，如"性孝悌"的萧乌野，在被任命为敌烈部节度使后不久，便因其母年纪大归养于家，其母去世后，哀毁非常。父母早丧的萧蒲离不，被祖父兀古匿所养。13岁时，其祖父去世，萧蒲离不哀毁踊礼，被族人赞叹。此外，《辽史》中对北院枢密使、

---

[1] 《辽史》卷10《圣宗一》，中华书局，2016，第120页。

于越耶律仁先的评价也极具这种价值观："王之于国忠也，于家孝也，于民惠也，于官廉也，于人信也，而五德兼备。"[1] 对契丹枢密使耶律宗政的评价也是如此："乐慕儒宗，谛信佛果。戚里推其孝悌，部下仰其宽仁。"[2] 这体现了当时辽朝把"三纲五常"作为对官吏的评价标准。可见，契丹族由最初的"贵壮贱老"到后来的敬老养老，其道德观念上发生了质的转变，从而缩短了各民族间的差距，加快了民族大融合的步伐。

妇道观念。儒家思想的观念在妇道教育中也有所体现，很多出土的墓志铭中关于女性的描述，大都有妇德、妇言、妇容、妇功方面的赞语，如《耶律羽之墓志》《韩匡嗣妻秦国太夫人墓志》《耶律元宁墓志》《萧福言墓志》《萧闛墓志》《萧德恭墓志》《萧乌卢本娘子墓志》《萧公妻耶律氏墓志》等中出现了"资身淑慎""禀训柔明""淑德传芳""淑善""均一惟贤""慈惠谦敬""婉柔植性""淑丽凝姿""和顺奉其亲""淑德美行""婉淑有则""德兼容备"等赞语。可以看出，无论是契丹族女性的墓志铭还是汉族女性的墓志铭，在描述女性恪守妇道方面，皆以儒家学说为标尺，反映出儒家思想成为社会各阶层民众奉行的道德标准与行为准则。

贞节观念。由于契丹族自古逐水草而迁徙，过着典型的游牧渔猎的生活，因而契丹族女性自幼习武、练骑射、放牧奔波，生活在此环境中的契丹族女性与深居闺闱之中的中原女性相比，大自然的陶冶和劳动生活的磨练培养了她们豪放、粗犷、勇敢、热烈的个性。加之游牧生产中对妇女的依赖性比较大，妇女既要哺

---

[1] 向南：《辽代石刻文编》，河北教育出版社，1995，第354页。
[2] 向南：《辽代石刻文编》，河北教育出版社，1995，第308页。

育、教育子女，又要做饭、缝制衣服，料理家务，承担一定的生产主业——放牧牛羊。因此，契丹社会对于妇女比较尊重和重视，中原地区男尊女卑的观念在契丹社会中显得淡薄得多。辽初，契丹族延续本民族风俗，对于贞节观念并不像中原那样看重，社会舆论和官方立法对妇女贞节观的问题都显得非常宽容。其中，妇女再嫁的普遍性和社会的认同性是对这种观点最好的证明。史书中关于契丹族女性再嫁的记载有很多，可谓俯拾皆得。《辽史·公主表》中记载，公主中即有多名是改嫁的，甚至还有二离三嫁者、三离四嫁者，如圣宗第二女岩母堇先下嫁萧啜不，后改适萧海里，又适萧胡睹，不谐，最后又嫁韩国王萧惠[1]。圣宗第八女长寿女在丈夫大力秋死后改适萧慥古。兴宗长女跋芹先下嫁萧撒八，与驸马都尉萧撒八不谐，后又改嫁萧阿速，后又嫁萧窝匿。景宗第四女淑哥与驸马都尉卢浚不谐，离婚后改适萧神奴。道宗第三女特里先嫁萧酬斡，后改适萧特末。因史料有限，我们无法得知契丹族下层女性的婚嫁状况，但可以肯定的是，这种夫死再嫁的现象是必然存在的，且契丹社会对此态度也是偏向认可的。故而在辽朝前期，从上层妇女到一般民间妇女都不忌讳再嫁。

辽中期之后，契丹统治者尊儒政策的影响渐趋扩大，契丹社会固有的习俗和观念也在儒家思想的冲击下开始转变，社会对于女性的贞节观念也开始有所转变。如前面已经提到的，辽前期契丹公主再嫁成风，而后期却找不到公主再嫁的记载。再如《辽史·列女传》赞颂了三位列女：耶律奴之妻萧意辛、耶律术者妻萧讹里本和耶律中妻萧授兰。萧意辛在其丈夫受诬陷而被流放时不肯与

1　《辽史》卷65《公主表》，中华书局，2016，第1109—1110页。

其夫离婚，认为这样违背了纲常之道，与禽兽无异。耶律术者之妻萧讹里本在其丈夫死后自杀而卒。耶律中之妻萧授兰为贼所执，发誓贼人若欲污即死之，后因贼逃跑而得免。后来萧授兰在其夫死后亦自杀而亡。以上三位列女生活在辽道宗和天祚帝时期，均属辽后期。她们或是丈夫罹难、亡故，誓不再嫁，或是宁死不为贼污。由此来看，贞节观念已被很多契丹族女性所接受，而且得到了社会的认可和赞扬，说明当时契丹社会受到贞节观念的强烈影响。

辽中期之后贞节观念强化的原因与儒学的发展不无关系。儒学思想的传播使得崇尚礼法的风气逐渐自上而下普及，在潜移默化中起到了移风易俗的作用。"三纲五常"等道德准则为广大契丹族民众所接受，契丹族原有的思想习俗逐渐发生改变。契丹与其他民族杂居也是贞节道德观念得以传播的重要途径。契丹族及其他少数民族的人口有限，汉族人口占多数，他们分布于各地，并与各民族杂居。入辽汉人必然是信守原有的伦理道德观念，并在共同生活中逐渐影响了契丹族等少数民族。另外，渤海族在唐时就深受唐文化的影响，汉化程度很高，中原的伦理道德观念可能早已被他们接受，并进而影响到了契丹族。

浸染儒家思想的文学成就。在儒家思想的影响下，契丹贵族热衷学习中原文化。辽太祖长子耶律倍喜好中原文化，"通阴阳、医药，箴灸之术，知音律，善画，工文章。善丹青"[1]，其所作射骑、猎雪骑、千鹿图，皆入宋秘府。耶律倍在辽太宗即位后，受猜疑作"小山压大山，大山全无力。羞见故乡人，从此投外国"[2]一诗，

---

1 《辽史》卷64《皇子表》，中华书局，2016，第1075页。
2 陈述：《全辽文》卷4，中华书局，1982，第66页。

流传甚广。到辽圣宗时期，文化意见比较发达。赋诗言志、以诗述情怀的传统得到了进一步的发扬。《辽史》和《契丹国志》中都记载了辽圣宗通晓音律，十岁能诗，尤其喜爱唐代诗人白居易的诗歌，曾亲译《讽谏集》，下诏契丹臣僚诵读，曾云"乐天诗集是吾师"。其执政后，常读《贞观事要》一书，并常与臣下讨论之，将之奉为自己执政的参考。辽兴宗亦是如此，《辽史》中记载其"好儒术，通音律"[1]，不仅自己能赋诗，常"钓鱼赋诗""赐诗以宠之""赐诗褒美"，还结交了大批诗友，如辽兴宗曾任命80多岁的耶律谷欲为诗友。辽道宗更是文采颇名于世，《辽史》中记载其秉承了赋诗言志的传统和盛世风范。辽道宗不仅自己赋诗，还和群臣一起赋诗，如咸雍元年（1065年），幸医巫闾山，皇太后射获虎，大宴群臣，令各赋诗。说明当时诗歌已经成为人们都能够接受且流行的精神文化交流方式。辽道宗曾作《放鹰赋》《君臣同志华夷同风诗》《华严经赞》等，作品保留和流传众多，其中最出色的诗歌《题李俨〈黄菊赋〉》一诗曾经被竞相传诵，该诗见于陆游的《老学庵笔记》：

> 相臣李俨尝作《黄菊赋》以献，道宗作诗题其后以赐之曰：
> 昨日得卿《黄菊赋》，碎剪金英填作句。
> 袖中犹觉有余香，冷落西风吹不去。[2]

辽道宗的这首诗颇有陶渊明诗之余韵，后传到北宋，先后被侯延庆、陆游载入自己的著作中，到元朝时，张肯又把这首诗改

---

1 《辽史》卷18《兴宗一》，中华书局，2016，第239页。
2 《老学庵笔记》卷4，中华书局，1979，第46页。

写为《蝶恋花》词："昨日得卿黄菊赋,细剪金英,题作多情句。冷落西风吹不去,袖中犹觉有余香度。沧海尘生秋日暮,玉砌雕栏,木叶鸣疏雨。江总白头心更苦,素琴犹写幽兰谱。"[1]这是中国文学史上的一段佳话,体现了各民族文化的交融。辽中期之后,"学唐比宋""华夷同风"成为风尚,北宋使辽使臣苏辙就曾发出"谁将家集过幽都,逢见胡人问大苏"[2]的感叹。

随着儒家思想的深入传播,契丹贵族女性亦能作诗作文,显示出较高的儒家文化素养。如耶律长哥能诗文,秦晋国妃自幼博览经史,擅长诗歌赋咏,尤工丹青,其所居之处的屏扇大多是亲自执笔而作。永清公主善属文章,书法亦佳。其中成就最高、最具有代表性的当数萧观音与萧瑟瑟,她们文笔优美,作品辉耀千古,为后世留下了许多经典名篇。

萧观音是钦哀皇后之弟枢密使萧孝惠之女。辽道宗为燕赵国王时被纳为妃,清宁初年(1055年)被册封为懿德皇后。史载萧观音姿容冠绝、多才多艺,善于诗文,会自制歌词,尤善琵琶。《全辽文》收有《谏猎疏》一篇,《伏虎林应制》一首,《君臣同志华夷同风应制》一首,《回心院》十首,《怀古》一首,《绝命词》一首,这些作品均录自《焚椒录》。其中有部分是应制奉和诗。应制奉和诗是宴饮时皇帝在宴会上作诗首唱,命诸大臣等合作,称"奉和圣制"。这种诗在创作时,既要选择美丽吉祥的词藻如有颂扬、祝贺、箴言等意义,又要对仗精工。这对作者的文化修养提出了较高的要求,如著名的《君臣同志华夷同风应制》:

---

[1] 唐圭璋:《全金元词》,中华书局,1979,第863页。
[2] 《栾城集》卷42《北使还论北边事劄子五道》,上海古籍出版社,1987,第747页。

君臣同志华夷同风应制

虞廷开盛轨，王会合奇琛。到处承天意，皆同捧日心。
文章通鬣谷，声教薄鸡林。大寓看交泰，应知无古今。[1]

这首诗可谓是文采极高，显然作者受到过很好的文史教育。

萧观音的诗作既有以雄豪隽爽、颇见北地雄风见长的篇什，如《伏虎林应制》，也有细腻婉曲的风雅之什，如《回心院词》，摘录如下：

伏虎林应制

威风万里压南邦，东北能翻鸭绿江。
灵怪大千俱破胆，那教猛虎不投降。[2]

萧观音的这首诗是她在一次陪辽道宗进入深山幽谷打猎时所作，该诗风格豪迈，用极其大气的手法对道宗进行了赞美，其博大的胸襟及立足之高远，可谓巾帼不让须眉。

回心院词

扫深殿，闭久金铺暗。游丝络网尘作堆，积岁青苔厚阶面。扫深殿，待君宴。

拂象床，凭梦借高塘。敲坏半边知妾卧，恰当天处少辉光。拂象床，待君王。

换香枕，一半无云锦；为是秋来展转多，更有双双泪痕渗。

---

[1] 陈述：《全辽文》卷3，中华书局，1982，第62页。
[2] 陈述：《全辽文》卷3，中华书局，1982，第62页。

换香枕,待君寝。

铺翠被,羞杀鸳鸯对。犹忆当时叫合欢,而今独覆相思块。铺翠被,待君睡。

装绣帐,金钩未敢上。解却四角夜光珠,不教照见愁模样。装绣帐,待君眠。

叠锦茵,重重空自陈。只愿身当白玉体,不愿伊当薄倖人。叠锦茵,待君临。

展瑶席,花笑三韩碧。笑妾新铺玉一床,从来妇欢不终夕。展瑶席,待君息。

剔银灯,须知一样明。偏是君王生彩晕,对妾故作青荧荧。剔银灯,待君行。

爇薰炉,能将孤闷苏。若道妾身多秽贱,自沾御香香彻肤。爇薰炉,待君娱。

张鸣筝,恰恰语娇莺。一从弹作房中曲,常和窗前风雨声。张鸣筝,待君听。[1]

该词是由于辽道宗沉迷于驰猎,萧观音忧其耽于畋猎而不思朝政,恐其身遭不测之祸,于是进行劝谏,却因此引起道宗的疏远,萧观音忧伤情切,故作《回心院词》以达其情。情感之深挚,抒写之缠绵,乃是闺怨诗歌中的佼佼者。清代徐釚点评《回心院词》云:"怨而不怒,深得词家含蓄之意。斯时柳七之调,尚未行于北国,故萧词大有唐人遗意也。"[2]

---

1 《焚椒录》,群学社,1936。
2 (清)徐釚撰,唐圭璋校注:《词苑丛谈》卷8《纪事三》,中华书局,2008,第189页。

《焚椒录》中还收录了萧观音的《绝命词》，是他在遭到诬陷被道宗处死之际写就的：

绝命词

嗟祸生兮无朕，蒙恶兮宫闱。将剖心兮自陈，冀回照兮白日。宁庶女兮多惭，遏飞霜兮下击。顾子女兮哀顿，对左右兮摧伤。共西曜兮将坠，忽吾去兮椒房。呼天地兮惨悴，恨古今兮安极？知吾生兮必死，又焉爱兮旦夕？

《绝命词》采用了骚体六言的形式，语句短促急切又突兀不平，淋漓尽致地抒写了诗人心中的怨愤之情，道出了许多宫廷女性共同的悲惨命运，带有一种深沉的历史感。

另一位在文学上具有较高成就的是萧瑟瑟。萧瑟瑟是淳钦皇后同母异父的长兄萧敌鲁之后人，天祚帝时被封为妃，生有一女一子，即蜀国公主和晋王敖卢斡。由于晋王朝野内外皆有名望，其时天祚帝元妃亦有一子，封秦王。元妃之兄、枢密使萧奉先预谋让秦王得立，苦于晋王的名望，于是诬陷晋王谋立，使得萧瑟瑟与晋王相继遭到处死。史载萧瑟瑟善诗歌，她留下的《讽谏歌》和《咏史》流传千古。

讽谏歌

勿嗟塞上兮暗红尘，勿伤多难兮畏夷人；不如塞奸邪之路兮，选取贤臣。直须卧薪尝胆兮，激壮士之捐身；可以朝清漠北兮，夕枕燕云。[1]

咏　史

丞相来朝兮剑佩鸣，千官侧目兮寂无声。养成外患兮嗟何及，祸尽忠臣兮罚不明。亲戚并居兮藩屏位，私门潜畜兮爪牙兵。可怜往代兮秦天子，犹向宫中兮望太平。[2]

这些诗篇是在当时女真族攻打辽朝、天祚帝畋游不恤、忠臣多被疏斥的情况下所作。第一首以杂言长句的骚体形式来表达自己的情感与见解，恰当运用典故，其政治卓见与进谏之情融合在一起，令人读之感慨万千。第二首咏叹秦二世时宰相赵高擅权专政，终至倾覆秦朝之社稷，假史事以刺时政，笔法颇为巧妙。这两首诗立意高远，颇具政治远见，情感真切，行文之间充满了历史感，可见儒家思想的浸染之深。

辽朝"右文敷治，偃革济时"思想的确立与实施，对当时契丹社会的文学创作影响深刻且绵远。在诗歌创作中，有部分是咏史诗，还有诸多政治诗，这不仅需要作者有较高的文学素养，更需要有史德、史才、史识，这也在侧面折射出契丹社会学习儒家文化的思潮。诗作中具有儒家文化的特点，如深厚的历史感以及秉笔直书的风格、劝谏、讽谏现象的出现等，说明了儒家文化的感染力和文化交融的必然趋势。这种趋势是多民族互相交往、互相学习的必然，体现了民族融合的进程。

"华夷同风"的社会观念。由于契丹统治者对儒学教育、科

1　陈述：《全辽文》卷3，中华书局，1982，第64页。
2　陈述：《全辽文》卷3，中华书局，1982，第64页。

举制度大力推崇,自圣宗朝始,社会上出现了"礼乐交举,车书混同。行大圣之遗风,钟兴宗之正体"的儒学文化繁盛之景象,"华夷同风"的社会观念已然成为社会共识。在华夷同风的社会观念中,契丹族以华夏族自居最为典型。《辽史·太祖本纪》中述及契丹先世史事时,认为自己是炎帝之后,并对于出自炎黄后裔的唐尧、虞舜不吝溢美之词。这种追述先世时的表现,反映了契丹统治者认为自己是华夏族的后裔,并反复强调。辽圣宗曾作《传国玺》一诗:"一时制美宝,千载助兴王。中原既失守,此宝归北方。子孙皆慎守,世业当永昌。"[1]在汉文化传统观念中,国玺是皇帝的象征,辽圣宗在此将其作为传国之宝,说明契丹族对国玺所蕴涵文化观念的认可。

"华夷同风"的观念还表现在修史方面。辽朝建立之前并无著史传统,建立后国史修撰工作逐渐得到重视,并设立相应机构如国史院,设立官职如"林牙""监修国史"等进行该项工作。史载史官萧韩家奴,一贯秉持秉笔直书的传统,记录了许多历史事件。

崇儒修文的文教政策,使得儒家文化在契丹社会中广泛传播。"尊孔崇儒"、崇尚礼仪道德的社会风气日愈浓厚,此时的辽政权可谓礼乐交举,实行圣人之遗风。正如辽道宗所说:"上世獯鬻猃狁荡无礼法,故谓之夷,吾修文物彬彬,不异中华,何嫌之有?"[2]

---

[1] 阎凤梧、康金声:《全辽金诗(上)》,山西古籍出版社,1999,第20页。
[2] 赵永春:《奉使辽金行程录》,商务印书馆,2017,第318页。

三、融汇多元的典章器物

辽政权时期荟萃各民族文化之精华，兼收并蓄，广采博取，在绵延数百年的进程中逐渐形成了具有多元文化特色的典章、器物等。

（一）融汇多元文化的典章制度

官分南北的政治体制。辽朝建立之前，官制较简单，事简职专，部落联盟首领之下设置南、北宰相是分统各部的部族官。辽朝建立后，疆域不断扩张、境内各族人口大量增加，既有"畜牧畋渔以食，皮毛以衣，转徙随时，车马为家"的契丹族和北方草原上的其他游牧民族，又有"耕稼以食，桑麻以衣，宫室以居，城郭以治"的汉族、渤海族及其他以农耕为业的民族。如何管理好各民族成为当务之急，契丹统治者采取了"因俗而治"的政策，创造了独具特色的南北面官制。

辽初，辽太祖在中央设汉儿司、三省，以管理汉族、渤海族事宜。辽太宗时，燕云十六州划入辽政权，太宗就如何管理中原土地和汉族人口等问题，采取了以下措施：改皇都为上京临潢府，升幽州为南京幽都府，改原南京东平郡为东京辽阳府，并重新改定燕云十六州的部分州名，如新州更名奉圣州、武州更名归化州等；宣布燕云十六州保留一切制度不变，采取与契丹等原有民族不同的管理方式，继续沿用中原固有的管理组织制度，实行不同区域内不同民族居住区域分别管理的政策，从而确定了辽朝政治的基本框架和主要特征。《辽史·百官志》中记载："辽有北面朝官矣，既得燕、代十有六州，乃用唐制，复设南面三省、六部、台、院、寺、监、诸卫、东宫之官。"[1]即在北面官的基础上仿照唐制设置了南面官体系，该体系是辽太祖时期设置的汉儿司的基础上发展而来，以汉族官员为主体，专门管理汉族聚居地区初具规模的汉官体系。辽世宗继位后，于大同元年（947年）八月癸未，设置北院枢密，任命安抟为北院枢密使；九月，任命高勋为南院枢密使。自此，南、北枢密院成为当朝的宰辅机关，各项政务逐渐走向两面官制的轨道。

《辽史·百官志》中记载："辽国官制，分北、南院。北面治宫帐、部族、属国之政，南面治汉人州县、租赋、军马之事。"[2]"北枢密视兵部，南枢密视吏部，北、南二王视户部，夷离毕视刑部，宣徽视工部，敌烈麻都视礼部，北、南府宰相总之。惕隐治宗族，林牙修文告，于越坐而论议以象公师。朝廷之上，事简职专，此辽所以兴也。"[3]可见，当时北面官制与南面官制中六部的职掌，名异而实同。所不同者为治理对象不同，南面官治理汉人州县、租赋、军马之事，北面治宫帐、部族、属国之政。可见，辽朝吸取了中原文化创制的南北面官制，用以管理不同事务，维护政治统治。

"向汉律看齐"的法律制度。据《辽史》记载："辽之初兴，与奚、室书密迩，土俗言语大概近俚。至太祖、太宗，其治虽参用汉法，而先世奇首、遥辇之制尚多存者。子孙相继，亦遵守而不易。"[4]从这段记载可以看出，辽初仍以传统的契丹民族习惯

---

1 《辽史》卷47《百官志三》，中华书局，2016，第864页。
2 《辽史》卷45《百官志一》，中华书局，2016，第773页。
3 《辽史》卷45《百官志一》，中华书局，2016，第773页。
4 《辽史》卷106《国语解第四十六》，中华书局，2016，第1689页。

法为主，还没有成文法律。神册六年（921年），辽太祖下令制定治契丹及诸夷之法，汉人则断以《律令》，并设置钟院以便民众伸冤。这里的《律令》主要是针对辽初境内的大批汉人而言。"治契丹及诸夷之法"中的法令，则是契丹统治者在吸收中原法律制度且保留本民族固有传统法，并加以改造形成的独具特色的法律制度。如规定："亲王从逆，不罄诸甸人，或投高崖杀之；淫乱不轨者，五车轘杀之；逆父母者视此；讪詈犯上者，以熟铁锥摏其口杀之。从坐者，量罪轻重杖决。杖有二：大者重钱五百，小者三百。"[1] 这是在唐律十恶的基础上进行的变动，成为成文法律中的一部分。重熙五年（1036年），辽兴宗制定《重熙新定条制》；咸雍六年（1070年），辽道宗颁布了《咸雍重修条例》，这部法典共545条，取律173条。这173条实则是对《唐律》的全面复制，后来新创设的部分也是以《唐律》为借鉴。

辽朝的法律制度体现了契丹文化和中原文化的特点。在法律主体框架上基本沿用宋朝的《宋刑统》，具体内容则是把契丹族传统中的一些刑罚加入其中，如制刑分为五类：死、流、徒、杖、笞。死刑包括绞刑、斩肢体、凌迟、轘、枭首、车裂、腰斩、生瘗、投崖、射鬼箭等。其中，腰斩、车裂、枭首、凌迟、绞刑是来自中原的刑名，生瘗、投崖、射鬼箭等则具有典型的契丹文化特色。《辽史》中记载："杖刑自五十至三百，凡杖五十以上者，以沙袋决之；又有木剑、大棒、铁骨朵之法。木剑、大棒之数三，自十五至三十，铁骨朵之数，或五、或七。有重罪者，将决以沙袋，先于胂骨之上及四周击之。拷讯之具，有瓨、细杖及鞭、烙

---

[1] 《辽史》卷61《刑法志上》，中华书局，2016，第1039页。

法。麗杖之数二十；细杖之数三，自三十至于六十。鞭、烙之数，凡烙三十者鞭三百，烙五十者鞭五百。被告诸事应伏而不服者，以此讯之。"[1] 刑法观方面，辽初刑法严酷，随着儒家思想的渗透，法制也开始注意量刑从宽。

"与汉仪杂就之"的礼仪制度。礼是中国古代社会一项重要的制度，历代统治者都非常重视礼仪制度，辽朝也不例外。辽太祖七年（913年），始制定吉仪和凶仪。辽太宗时，借鉴中原礼法器物和礼制，结合自身特色，创制了较为完备的"五礼"制度。澶渊之盟后，辽朝与北宋之间往来频繁，进一步借鉴了大量宋朝的礼仪制度。辽朝的礼制便是在这样的背景下不断完善而成。

吉仪。辽朝的吉仪包括祭山仪、瑟瑟仪、柴册仪、拜日仪、告庙仪、谒庙仪、孟冬朔拜陵仪、蕻节仪、岁除仪，其中契丹传统元素与中原汉族元素交融其中。由于契丹族多自然崇拜，故吉仪中的祭山仪、拜日仪等大多是契丹传统习俗的承袭。契丹族早期"父母死而悲哭者，以为不壮，但以其尸置于山树之上，经三年之后，乃收其骨而焚之。因酹而祝曰：'冬月时，向阳食。若我射猎时，使我多得猪鹿。'"[2] 可见其对祖先的祭祀是通过吟唱祝词来表达的，并无宗庙祭祀之事，故告庙仪、谒庙仪应该是学自中原礼制。

凶仪。辽朝的凶仪包括丧葬仪、上谥册仪、忌辰仪、宋使祭奠吊慰仪、宋使告哀仪、宋使进遗留礼物仪、高丽、夏国告终仪。其凶仪中既有中原礼仪元素，又有契丹传统元素。澶渊之盟后，辽、宋交聘往来频繁，告哀、祭奠等往来活动是之前没有的，所以这部

---

[1] 《辽史》卷61《刑法志上》，中华书局，2016，第1038页。
[2] 《隋书》卷84《契丹》，中华书局，1997，第1881页。

分仪式应该是吸收中原礼仪因素而制。另外，在丧葬仪上，契丹族传统的二次葬、父母卒子不哭等丧葬形式已经渐趋消失，转而代之的是告哀、吊唁、小敛等中原丧葬仪式。同时，以亲疏为等差的五服之制也开始出现，凸显了辽政权引进中原丧葬制度的深度。

军仪。军仪包括皇帝亲征仪、腊仪、出军仪。契丹族骑射征战，有传统的军事习俗，诸如射鬼箭等，但辽朝建立后，其军事仪式中借鉴吸收了中原礼仪，出军仪就是在契丹传统习俗的基础之上，结合一定的中原礼仪创制而成。

宾仪。宾仪包括常朝起居仪、正座仪、臣僚接见仪、问圣体仪、车驾还京仪、勘箭仪、宋使见皇太后仪、宋使见皇帝仪、曲宴宋使仪、贺生辰正旦宋使朝辞太后仪、贺生辰正旦宋使朝辞皇帝仪、高丽使入见仪、曲宴高丽使仪、高丽使朝辞仪、西夏国进奉使朝见仪、西夏使朝辞仪。按其具体内容划分是由交聘仪与朝觐仪组成，而契丹族传统并没有朝觐或交聘等礼仪，故宾仪应该是在社会发展过程中参照中原礼仪而制成。

嘉仪。嘉仪包括皇帝受册仪、册皇太后仪、册皇后仪、册皇太子仪、册王妃公主仪、皇帝纳后之仪、公主下嫁仪、亲王女封公主者婚仪、皇太后生辰朝贺仪、皇帝生辰朝贺仪、皇后生辰仪、进士接见仪、进士赐等甲敕仪、进士赐章服仪、宰相中谢仪、拜表仪、贺生皇子仪、贺祥瑞仪、贺平难仪、正旦朝贺仪、冬至朝贺仪、立春仪、重午仪、重九仪、藏阄仪。嘉仪中除婚仪外，余下皆承袭自中原礼仪。但在这些仪式中，依然有契丹传统文化在内，并不是完全照搬中原礼仪。

除五礼之外，还有岁时杂仪，其中大部分都是契丹族的传统习俗，还有一部分为佛教或中原民间传统习俗。如八月八日屠白犬等是契丹传统习俗，佛诞日、中元节则是受佛教文化影响，人日食煎饼、五月重五日系长命缕等是中原传统习俗。

可见，契丹统治者在契丹民族传统礼仪的基础上，通过对中原传统礼制不同程度的吸收，并根据自身的需要对其进行改造、创新，建立起了一套与当时政治、刑法、文化等方面密切相关的礼制系统，丰富了当时的社会文化。

（二）蕴含多元文化的璀璨器物

瓷器。辽时的瓷器中，多元文化元素彼此交融，交相辉映。辽政权瓷器的技艺，如拉坯、贴塑、印坯等，都是源自中原地区，这些技艺随着被掳掠的汉族瓷器工匠以及燕云十六州并入辽政权而流入辽境内，为辽瓷的生产以及辽瓷的发展夯实了基础。辽时的窑场为辽瓷的烧制提供了条件，目前已知的窑场主要有上京窑（今赤峰市巴林左旗林东镇辽上京临潢府故城皇城西壁）、南山窑（今赤峰市巴林左旗林东镇辽上京临潢府故城汉城之南山）、赤峰市阿鲁科尔沁旗东沙布日台乡诸窑址（包括代白乌苏村南窑址、水泉沟村窑址、宝山村西南沟窑址及老白音花村南沟窑址等多处）、白音高锣窑（今赤峰市巴林左旗林东镇辽上京临潢府故城西约2公里白音高洛后山坡大田地中）、哈达英格窑（今赤峰市巴林左旗哈达英格乡西山脚下）、小北沟窑（今赤峰市巴林左旗三山乡新农村小北沟东约1公里处的一条南北走向的洪水沟断崖壁上）、窑坑地窑（今赤峰市翁牛特旗山咀子乡黄花沟村）、江官屯窑（今辽宁省辽阳市东30公里太子河南岸的江官屯村）、鹅房窑（今辽宁省辽阳市东南郊鹅房村）、龙泉务窑（今北京市西郊门头沟区东北6公里的龙泉镇龙泉务村北）、密云小水峪窑（今北京市密云小水峪村西）、房山磁家务窑（今北京市西南，

江官屯窑址[1]

南临大石河）、浑源界庄窑（今山西省浑源县）。

辽瓷中有一类"辽白瓷"，是在定窑制瓷工艺的影响下仿制定白瓷而制。其上常见的刻、划、剔等技艺，也是对定白瓷的复制、移植。辽瓷中还有一类"辽三彩"，极具艺术特点和辨识度，这

上京窑棋子[2]

1　路菁：《辽代陶瓷》，辽宁画报出版社，2002，第41页。
2　路菁：《辽代陶瓷》，辽宁画报出版社，2002，第30页。

一特点是继承了唐三彩的技艺。如上京窑，该窑烧制时间不长，但产品质量很高，以仿定窑细白瓷器为主，胎釉及制作均较精致，器物有杯、碗、盘、碟、瓶、罐、盂、盒、棋子之属。

三彩印花海棠形盘[1]

受中原文化的影响，契丹贵族等逐渐将品酒、下棋、饮茶等

1　刘增军：《翁牛特旗文物选粹》，内蒙古文化出版社，2012，第132页。

颇富中原文化色彩的情调植入自己的生活中,考古中发现的精美酒具、茶具等,辽后期大量输入陶瓷,如定窑白瓷、汝窑青瓷、钧窑靛青蓝瓷、磁州窑褐花瓷等,这些都是受中原文化冲击和影响的例证。

绿釉提梁式鸡冠壶[1]

---

[1] 刘增军:《翁牛特旗文物选粹》,内蒙古文化出版社,2012,第97页。

华夷同风——宋辽金时代的文化交流

除中原文化元素外，辽瓷中还有很多诸如波斯、印度、伊斯兰等外来文化元素。如辽瓷中的凤首瓶，主要是受波斯文化的影响。波斯文化中有一种"鸟头胡瓶"，是以凤首作盖、口，而辽瓷中的凤首瓶则是受这种"鸟头胡瓶"的影响。此外，辽瓷中还有一种"摩羯"造型的装饰，这种造型起源于印度。据说"摩羯"这种生物是水中巨兽，长鼻利齿，鱼身鱼尾，后广泛用于佛教之中，并随佛教传入中国，逐渐演化为镇邪、祈福的祥瑞兽，其形象也从最初的鱼身鱼尾演变为鱼龙结合。"摩羯"在辽瓷中大量用于注壶造型，或是提梁注壶细节装饰纹饰。

黄釉凤首瓶[1]

黄釉凤首瓶局部

---

1 路菁：《辽代陶瓷》，辽宁画报出版社，2002，第230页。

金银铜器。辽初通过战争掠夺了大量中原地区的方技、百工、图籍等，金银铜器制作的技艺也随着大批能工巧匠进入辽朝。澶渊之盟后，双方交易往来频繁，金银铜器亦可以在市场上互通有无。双方的使臣往往携带金银酒食茶器作为赠礼，更是加速了金银铜器的流通和技艺的学习。这一时期，凭借草原丝绸之路，辽朝的对外交往广泛开展，这种开放的形式使得这一时期的金银铜器呈现出多种文化元素。

金银铜器中的中原文化元素。自唐时起，契丹族就与唐朝保持着密切联系，唐文化是中国历史上的一个文化高峰，故辽政权金银铜器中的风格、纹样、器形等受唐文化影响颇深。唐代流行的錾金工艺和金花工艺在辽墓出土的金花银器装饰中也曾得见。赤峰市郊区城子公社洞山大队出土的辽早期墓葬中的银质鱼龙提梁壶和银质鸡冠壶，具有典型的唐代金银器的风格和典型的契丹民族特征的造型。通辽市科尔沁左翼后旗吐尔基山出土的鎏金錾花银壶，其腹部、颈部刻有牡丹纹。赤峰市阿鲁科尔沁旗辽耶律羽之墓出土的鎏金"孝子图"银壶，其纹饰和錾文为中原特征。此外，辽墓出土的大量铜器中，铜镜、冠饰等纹饰样式具有明显的唐文化特征，如牡丹纹、荷花纹、花草纹、葡萄纹、龙纹、凤纹等，都是唐时比较流行的纹样。

宋朝文化对辽政权金银铜器也有一定的影响。宋时金银器有比较明显的特征：一是花式繁多，二是栩栩如生，三是别致精美。造型方面的特征：一是多曲口分瓣，器形以写实为多，如五曲梅花形、六曲秋葵形、桃形、柳斗形杯或盏，十二曲或三十二曲花瓣形盒等。其纹饰多据器形花式而定，或菊或莲花，构图形式多采取"旋子"式。辽宁省建昌县龟山一号辽墓出土的二十二曲葵口银杯就具有上述特征。赤峰市巴林右旗窖藏出土的二十五曲葵口银杯亦有较多分瓣。该窖藏出土有模仿编织柳条筐的柳斗碗,其纹饰和工艺具有典型的宋代色彩。该窖藏出土的荷叶形银杯,造型写实,纹饰上采取"旋子"式的构图方式,亦具有典型的宋代特征。赤峰市宁城博物馆馆藏的嵌宝石金簪上的花蝶纹、金头银股簪上的石榴花纹,赤峰市巴林右旗博物馆馆藏的金链盒上的菊花纹,辽宁省建平县北二十家子镇炮手营出土的双凤鎏金铜冠饰上的牡丹、凤纹等纹样,都是宋代流行的纹饰题材。工艺方面,也有宋朝工艺的身影,如赤峰市宁城博物馆藏有一支金头银股簪,这支簪子为分体簪,呈头、股分离式样,簪首的背面有插孔可以套合,这是典型的宋簪式制作方法。

梅花形金耳坠[1]

---

1 刘增军:《翁牛特旗文物选粹》,内蒙古文化出版社,2012,第151页。

辽政权时期金银铜器上还有部分佛教、道教因素，主要表现在以金银制作或装饰佛或塔以及金银铜器物或装饰品上有佛教题材的造型或纹饰，如辽宁省建平县张家营子辽墓出土的一面铜镜，其背面就铸有伽陵频伽纹，迦陵频伽为梵语，译为美妙声音，汉译为"妙音鸟"，常见于佛教雕刻，一般为人首鸟身形象。佛经说迦陵是仙鸟，在卵壳中，鸣音已压众鸟，佛法之音与之相似。用此图纹作镜，可见器物上的佛教元素。较为明确的道教元素主要是道士真武、鹤纹、元始天尊立饰、火焰珠中的阴阳图案、四神中的朱雀形象。陈国公主墓出土的驸马佩戴的鎏金银冠上，正面叶片上是道教的真武形象，下方是昂首的乌龟，右上方是展翅飞翔的仙鹤。陈国公主佩戴的鎏金银高翅冠顶部的立饰是道教形象，出土的金盒上还绘有立鹤纹，这些都是道教文化的象征符号。

　　金银铜器中的突厥文化元素。突厥文化元素对辽政权金银铜器的影响主要表现在蹀躞带上。蹀躞带适合游牧民族佩戴，可以悬挂弓箭、刀锥等物，在马上驰骋时非常便利。突厥蹀躞带的特点是下垂蹀躞，多有小带扣、带具，常见的造型有方形銙、马蹄形銙以及桃形銙，辽墓中出土的蹀躞带都具备上述特点。另外，通辽市库伦旗奈林稿辽墓群 M2 辽墓出土了一种由两条直线边组成直角、另一边以曲弧线相连的不规则造型的蹀躞，大横沟、张家屯辽墓中出土了一种四曲桃形、相对桃尖的顶部强烈凹陷的蹀躞，这两样造型的蹀躞在图瓦突厥墓以及阿尔泰吐埃特科塔 4 号突厥墓中都有发现，这一时期蹀躞带受突厥文化影响可见一斑。

高翅鎏金银冠　陈国公主墓出土 [1]

辽政权时期的金银铜器还受粟特文化、鲜卑文化的影响。如带把杯是受粟特带把杯的影响；步摇饰品、耳环、戒指、手镯、项饰、下颌托等受鲜卑文化影响较为明显。

综上，辽政权时期金银铜器的发展，一开始是有非常明显的唐代文化痕迹。后期由于与北宋之间的频繁交往，使得金银铜器在发展过程中，中原文化元素体现明显。此外，鲜卑文化、突厥文化、粟特文化、波斯文化对辽政权时期的金银铜器也有一定的影响。可见，辽政权时期金银铜器之所以能够如此丰富多彩、璀璨夺目，与多种文化元素的浸染不无关系。

1　内蒙古文物考古研究所、哲里木盟博物馆：《辽陈国公主墓》，文物出版社，1993。

玉器。辽政权时期玉器出土丰富，据统计，目前所见出土玉器至少在2000件以上。玉器主要用于配饰、仪仗用具、马具、器皿、佛教用品、文房类用具等，其材质有和阗玉、玛瑙、水晶、绿松石等，其中绝大部分的材质是和阗玉。当时和阗玉只在和田、于阗、高昌一带存在。据《辽史》记载，天赞三年（924年）辽太祖遣兵踰过流沙，攻克浮屠城，将西域诸国尽数征服，西域诸国自此开始入贡。据《契丹国志》记载，高昌、于阗等国三年一次遣使贡献玉、玛瑙、珠宝等，可知这一时期玉器材质繁多，与西域诸国的进贡有关系，从而印证了辽政权时期草原丝绸之路上东西文化的交往交流交融。

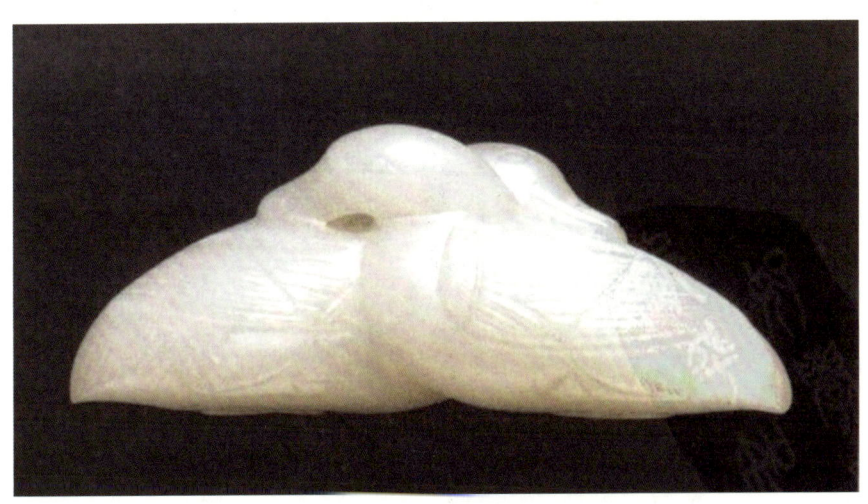

交颈鸿雁玉佩[1]

辽政权时期的玉器受多种文化的影响。契丹族以渔猎和游牧为主，鱼、鹅、雁、鸭等是契丹族在渔猎活动中重要的捕猎对象，

---

[1] 许晓东：《辽代玉器研究》，紫禁城出版社，2003，第76页。

而玉器中也多以鱼、天鹅、雁、鸳鸯等为题材和造型。另外,马对于契丹等游牧民族具有不可忽视的作用,以马为造型或是围绕马所制作的玉器,在玉器中比比皆是,如陈国公主及驸马墓中就出土了成组的玉马具,很多玉器也都配有金属链,适于骑马时佩挂携带。此外,玉器中还有玉质臂鞲、骨朵、玉柄锥以及玉柄刀等极具游牧民族特色的物品,这些都反映了契丹民族以渔猎和游牧为主的生产生活方式和民族情感。

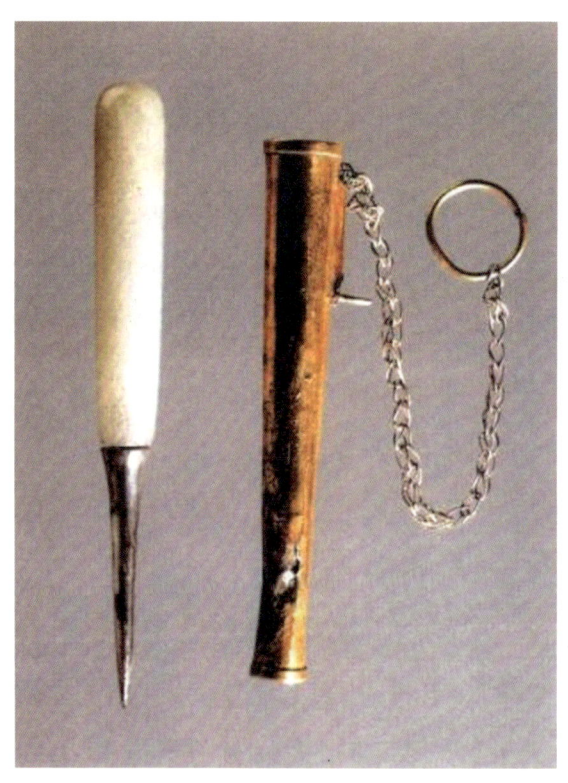

玉柄银锥[1]

---

[1] 许晓东:《辽代玉器研究》,紫禁城出版社,2003,第107页。

辽政权时期的玉器也受汉文化影响,如玉器琢玉工艺上的圆雕、片雕、镂雕、阴刻线雕等,都是受唐代及北宋工艺的影响。玉器造型和花纹中也有汉文化的影子,如玉带銙上的菊花纹饰、陈国公主及驸马合葬墓中出土的两方玉砚,均为北宋中原地区常见的砚形。刘宇杰和常遵化墓中还出土了玉质围棋子,都体现出玉器中的汉文化元素。

玉砚[1]

辽政权时期的玉器还受波斯和印度文化的影响。波斯玉器常见水波纹装饰和多曲长杯造型。赤峰市巴林右旗出土的一个玉碗上,表面有十六组双线水波纹装饰。印度文化中的摩羯造型,也被运用于辽瓷之上。

辽政权时期的玉器还受西域文化的影响。玉器中有很多胡人

---

[1] 许晓东:《辽代玉器研究》,紫禁城出版社,2003,第104页。

形象，也有狮子形象，二者常常结合为胡人驯狮、胡人骑狮等造型，如陈国公主与驸马墓出土的胡人驯狮琥珀雕件等。而契丹本土并没有崇尚狮子的传统观念，故玉器中的胡人狮子造型，无论从内容还是表现形式，显然都是受到西域文化的影响。

胡人驯狮琥珀配饰　陈国公主墓出土[1]

综上，辽政权时期的玉器将契丹族文化、中原文化与西域、波斯、印度等文化相融合，开创了极具特色的辽玉器文化。

---

[1] 内蒙古自治区文物考古研究所、哲里木盟博物馆：《辽陈国公主墓》，文物出版社，1993。

器物中的舶来品。《契丹国志》中记载，波斯、新罗、高昌、大食、小食等国进贡给辽朝很多物品，有金器、铜器、镔铁兵器、玉、珠、犀、乳香、虎拍、棉袖、细布、法清酒、脑元茶、藤器物、斜合黑皮、褐黑丝等，陈国公主墓出土的铜鎏金盆、精美玻璃器皿、琥珀饰品，还有多伦小王力沟辽墓出土的内饰西亚特点的几何纹饰三件铜盆，都是舶来品的典型代表。此外，辽圣宗时燕京留守耶律隆庆招待北宋使臣路振时曾使用过玻璃器具，应该也是舶来品。这些物品不断输入辽朝，印证了辽时器物的融汇多元和辽政权对外交往的繁荣。

水晶耳杯 DE37　陈国公主墓出土[1]

---

[1] 内蒙古自治区文物考古研究所、哲里木盟博物馆：《辽陈国公主墓》，文物出版社，1993。

琥珀璎珞[1]

北宋名臣韩琦曾这样评论:"契丹宅大漠,跨辽东,据全燕数十郡之雄,东服高丽,西臣元昊。自五代迄今,垂百余年,与

---

1 许晓东:《辽代玉器研究》,紫禁城出版社,2003,第85页。

中原抗衡，日益昌炽。至于典章文物，饮食服玩之盛，尽习汉风。"[1] 通过上述梳理，我们了解到辽政权时期的典章文物，不只是"尽习汉风"，而且是多元文化汇聚的融合。

四、久为一家的族际通婚

辽政权地域辽阔，民族成分复杂，在各民族相互交往的过程中，各民族之间发生着各种各样的联系，族际通婚便是其中一种。族际通婚对各民族文化、生活等方面的影响巨大，体现了社会文化的多样性和兼容性，中华一体观念和认同意识的产生，均与广泛存在的族际通婚关系密切。

（一）契丹族与其他民族之间的通婚

通常来讲，契丹、奚、汉、渤海四个民族多依照传统习俗在族内通婚，所谓四姓杂居，旧不通婚，但随着社会的发展，这种"旧不通婚"的藩篱渐渐被打破，契丹族与其他民族间的通婚日益增多。

契丹族与汉族之间的通婚。为了拉拢汉族上层，巩固自身的统治，契丹统治阶层与汉人世家大族间往往进行联姻。如玉田韩氏家族：据墓志记载，韩匡嗣之妻为萧氏，其女两人又嫁入后族家门；韩匡美三娶，皆为萧氏；韩德威前、后夫人均为萧氏；韩元佐先娶枢密使萧孝穆之女，后娶北宰相萧善宁之女。韩瑜始娶、继室均为萧氏；韩橁三娶中有两位萧氏女，其女又有两位嫁与萧氏。再如河间刘氏家族：刘慎行之子刘三嘏和刘四端分别尚契丹

---

[1] 《续资治通鉴长编》卷142，中华书局，1985，第16页。

公主；刘珂尚世宗之妹燕国公主；刘慎行之子刘二玄娶已故魏国王耶律宗政寡妻萧氏。此外，赵思温之孙赵匡禹继室为契丹萧氏，医巫闾梁氏梁延敬娶荆王耶律道隐之女。可见，契丹族与汉族之间的联姻，比较集中在韩、刘、赵、梁等汉族大家族中，其政治寓意不言而喻。

除了贵族通婚外，不同阶层的契、汉通婚也十分普遍。如：官至静江军节度使的萧孝忠曾娶汉族平民女子苏哥；松山州商曲都监刘旴娶契丹平民萧氏为妻、其子刘君彦亦娶妻萧氏；耶律庶几曾娶汉人刘令公孙女寿哥为妻；归化州人张世卿之孙张伸曾娶耶律氏为妻。这种不同阶层的日常婚配中日益凸显的族际通婚趋势，与契丹族和汉族交错杂居、接触往来频繁有着密切的关系。

此外，契丹族与汉族之间的通婚还有一种形式，即掳掠婚。辽朝建立初期，曾与中原各政权进行过频繁战争。在战争中，大量汉族女性被掳掠至辽境内。会同九年（946年），辽太宗南下进攻后晋，在攻破相州时将城中女子携掠北上。辽太宗在攻打后唐时，亦曾掳掠后唐妃韩氏、伊氏。辽世宗耶律阮后宫中有妃甄氏也取自后唐，甄氏后被立为皇后，成为辽朝历史上唯一一位非萧姓皇后。辽穆宗曾纳后晋亡国之君石重贵的宠姬赵氏、聂氏。圣宗时后宫有姜氏、马氏、白氏、艾氏、耿氏、孙氏、李氏等，皆为汉族。北宋路振在《乘轺录》曾云："耶律、萧、韩三姓恣横，岁求良家子以为妻妾，幽蓟之女，有姿质者，父母不令施粉白，敝衣而藏之。"[1] 这里的"耶律、萧、韩三姓"，指的就是契丹皇族、后族及玉田韩氏家族。他们凭借滔天的权势，随意选娶民间女子，

---

[1] 赵永春：《奉使辽金行程录》，商务印书馆，2017，第16页。

使得幽蓟地区颇有姿色的女子不敢施脂粉、打扮，唯恐被挑选上。幽蓟地区为汉族聚居地，这里的契丹贵族选娶幽蓟之女为妻妾，即属于契丹族与汉族之间的族际婚配。

契丹族与渤海族之间的通婚。辽灭渤海国后，为了稳固统治，减轻、消除渤海族的敌对意识和叛乱之心，契丹统治阶层与渤海大氏家族之间频繁通婚。据史料记载，人皇王耶律倍、辽景宗、辽圣宗、圣宗弟耶律隆庆、天祚帝、耶律挞易里、耶律余覩都曾娶于大氏。辽圣宗妃大氏所生临海公主，又回嫁渤海王族成员大力秋。而大力秋与临海公主所生的两个女儿，又分别嫁给契丹皇族成员耶律迪烈得和耶律连宁。除渤海大氏家族之外，其他渤海大族中也有与契丹统治阶层通婚者，如：契丹北大王帐族姓女耶律氏嫁与渤海县开国公高唐英；人皇王耶律倍身边有一高姓美人。此高氏为渤海族，原渤海国中右姓曰高、张、杨、窦、乌、李，故这一高姓美人极有可能是渤海右姓。

契丹族与奚族之间的通婚。两族通婚自太祖时即已有之。太祖阿保机六弟苏娶奚族安祖哥之女；圣宗之女十哥嫁奚王萧高九；出身横帐三父房的耶律霞兹娶奚王越宁之妹；北大王耶律万辛娶奚王何你之女中哥；孟父房耶律仁先之女迪辇夫人嫁与奚王萧福善之子萧忠信；仲父房耶律庆嗣之妹嫁与奚王萧福善；萧福善之弟萧福延娶漆水耶律氏；契丹皇族耶律惯宁先娶奚王女蒲里不夫人，蒲里不夫人故后再娶奚王之子查鲁太保的女儿骨欲夫人。耶律惯宁死后，其长子耶律庶几收继骨欲夫人；耶律遂正长女嫁与奚太师。契丹族与奚族的大量通婚，在《金史》中有载：奚族有五王族，世代与辽人通婚，因附姓于述律氏中。

契丹族与女真族之间的通婚。关于契丹族与女真族的通婚，史料记载并不多。主要有如下几例：完颜阿骨打有一妃萧氏，似为契丹族或奚族。阿骨打还曾对从行的石土门之子蝉蠢说："萧妃之妹白散在辽，若能掳获，即配给蝉蠢为妇。"《金史·石抹荣传》中记载，金灭辽时，刚满六岁的石抹荣跟随母亲忽土特满颠沛流离，路途中被金朝宗室谷神所得，其母被纳为次室。石抹荣之母应为契丹族，而完颜谷神为女真族，这也是契丹族与女真族之间的通婚例证。

（二）其他民族之间的通婚

随着各民族之间的杂居、接触日益频繁，契丹族之外的各民族之间的族际通婚也广泛存在。

奚族与汉族或渤海族之间的通婚。《崇善碑》中记载了众多契丹族、汉族以及渤海族的名字，其中有"孙奚婆""刘公林、姐姐奚婆"等语。据王善军先生解释，这里的"奚婆"或许是称嫁与奚族的妇女。《崇善碑》里的"奚婆"一词反映的就是奚族与汉族或渤海族之间的通婚。

霫族与渤海族之间的通婚。辽政权中霫族人口较少，与渤海族的通婚也有记载：霫人郑恪之父娶渤海申相国之女。这是霫族与渤海族通婚的例证。

汉族与渤海族之间的通婚。东京道的州县原为渤海国地区，后多有汉族居住于此，形成汉族和渤海族杂居的局面。长期的杂居生活使两族之间的交往日益频繁，逐渐形成安居乐业的社会局面，所谓"数世无患"即指这种情况。在两族的杂居、交往中，通婚情况多有所见。同时，渤海族被多次迁徙到各地，与当地汉族杂居，也形成了两族通婚的局面。如渤海望族扶余府鱼谷县高氏家族迁往朔州鄯阳县的一支就曾与汉族广泛通婚，渤海族高为裘长女嫁与扶风马三郎，次女嫁与马兴祖；高氏家族的高为裘娶天水阎氏、太原孙氏为妻；高为裘之子高泽娶彭城汉族女刘氏为妻；高泽之女嫁与左班殿直、平昌孟三温；高泽之子高永年的长女嫁与平昌孟湘，次女嫁与陇西李仲颙。此外，武昌郡人程延超之女嫁与渤海郡高守凝提举，这也是汉族与渤海族之间通婚的例证。

高丽与渤海族之间的通婚。此记载并不多，目前所见史料仅渤海高氏家族高模翰流亡高丽时，高丽王将女儿嫁与其为妻一例。

（三）和亲

辽朝与周边政权及个别属国之间存在和亲行为，在一定程度上也促进了民族间的交往交流交融。

辽与西夏的和亲。辽与西夏之间的和亲最为频繁。就目前史料记载，辽与西夏至少有三次和亲，均为辽朝契丹皇族与西夏党项皇族的通婚，分别为：圣宗统和七年（989年），王子帐耶律襄之女封义成公主下嫁西夏李继迁；辽兴宗时兴平公主下嫁西夏李元昊；天祚帝乾统二年（1102年），南仙被封为成安公主下嫁西夏李乾顺。

辽与回鹘的和亲。据《辽史》记载，开泰九年（1020年）大食国王曾遣使求婚，这次求婚应该是没有得到契丹统治者的同意。太平元年（1021年），大食国王再次遣使求婚，这次得到允许，以王子班郎君胡思里，女可老封为公主嫁于大食国。此处所说的"大食"即指回鹘族政权喀喇汗王朝。高昌回鹘在《辽史》中被记载为阿萨兰回鹘。辽圣宗统和十四年（996年），回鹘阿萨兰遣使为子求婚，但这次求婚被拒。直至辽兴宗重熙十六年（1047年），《辽史》中记载阿萨兰回鹘王因为公主生子，特遣使告之，说明在重熙十六年之前，双方已结秦晋之好。

辽与吐蕃的和亲。宋人沈括在《梦溪笔谈》中记载：吐蕃唃厮啰之子董毡娶契丹之女为妇。对此，《宋史》也有明确记载：嘉祐三年（1058年），契丹遣使送女与唃厮啰少子董毡为妻。

辽与高丽的和亲。据《辽史》记载，辽圣宗统和十四年（996年），高丽王上表辽请婚，辽以东京留守、驸马萧恒德之女嫁与高丽。

这种族际通婚，尤其是上层贵族之间的联姻，虽带有一定政治色彩，但对于双方关系的保持具有一定的促进作用。如《辽史》中记载，成安公主嫁与西夏李乾顺之后，关系和睦，后生子仁爱，被立为世子。之后，成安公主还代表西夏朝见天祚帝，进一步巩固了双方的友好关系。这一时期，在成安公主的推动下，西夏与辽一直保持着亲密的关系。西夏在辽的支持和斡旋下，顶住了北宋的压力，稳固了自身统治。辽朝即将灭亡之际，在成安公主和世子的影响和请求下，西夏也伸出了援助之手。虽然最终没能挽救辽朝灭亡的命运，但辽朝与西夏之间的亲密关系可见一斑，这与双方间的和亲不无关系。

更为重要的是，这种长期、广泛的族际通婚，具有潜移默化的作用，使得各民族之间的交往交流交融更加密切，促进了各民族在政治、经济、文化等方面的交流和发展，加强了联系，增进了情感，表现出多民族融合的时代特征。族际通婚所带来的民族融合不仅是血缘的融合，也是文化的融合，诸如生活方式、思维方式、文化习俗等诸多方面，都具有较强的包容性，有助于民族文化的融汇，有利于更大范围、更高层次民族意识的认同。所谓"契丹、汉人久为一家"是这种族际通婚的表面特征，更深层次的还在于中华民族多元一体观念与民族认同的形成与发展。

下编　中州万古英雄气，也到阴山敕勒川
——宋金时代的北方文化交流

一、金代北疆地区的各民族

金政权（1115—1234年）是中国古代北方少数民族女真族建立的王朝，历九帝，120年。与南宋（1127—1279年）、西夏（1038—1227年）三足鼎立，统治中国北方大部分地区。今内蒙古自治区12个地级行政区，除乌海市、鄂尔多斯市、阿拉善盟时属西夏外，其余9个盟、市，在金朝时分属上京路、北京路、西京路3个总管府路。

金朝的皇帝，有的曾统率大军途经内蒙古。金朝的开国皇帝——金太祖完颜旻（女真名阿骨打），于收国元年（1115年）称帝，国号大金。金太祖称帝后，起初欲取得辽政权的册封及承认，但在辽政权日暮西山的国势下，金太祖决心灭辽。金太祖于天辅四年（辽天庆十年，1120年）亲征伐辽。五月至辽上京临潢府（今赤峰市巴林左旗），"上（金太祖）亲临城，督将士诸军鼓噪而进。

自旦及巳,阇母以麾下先登,克其外城,留守挞不野以城降"[1]。一举攻克了辽上京,取得重大战果。由于女真人长期遭受契丹人的压迫,故金太祖在灭辽的同时,不可避免地出现了一些过激的报复行为。如金军曾大规模破坏辽政权的皇陵及祖庙,宋人载,"金人攻陷上京路。祖州(今赤峰市巴林左旗西南石房子村)则太祖阿保机(辽太祖耶律阿保机)之天膳堂,怀州(今赤峰市巴林左旗西岗岗庙古城)则太宗德光(辽太宗耶律德光)之崇元殿,庆州(今赤峰市巴林右旗西北查干木伦河西岸白塔子)则望圣、神仙、坤仪三殿,乾州(今辽宁省北镇市内观音阁街道观音洞)则凝神、宜福殿,显州(今辽宁省北镇市北镇街道北镇庙)则安元、安圣殿,木叶山(位于永州境,永州治所在赤峰市翁牛特旗东北)之世祖享殿、诸陵并皇妃子弟影堂,焚烧略尽,发掘金银珠玉器物"[2]。金军攻陷辽上京后,金太祖让宋使赵良嗣(本名李良嗣)陪同,炫耀其破辽功绩,"及令契丹吴王妃歌舞。妃初配吴王,天祚(耶律延禧)私纳之,复与其下通,因于上京,女真破上京得之。女真谓良嗣曰:'此契丹儿妇也,今作奴婢,为使人欢。'"[3]此类事件在中国古代封建王朝的改朝换代中,屡见不鲜。天辅六年(辽保大二年,1122年),金太祖再次亲征伐辽,由金上京出发,途经今赤峰市,进攻辽西京道地区,追袭辽天祚帝。除了军事进攻之外,金太祖还表现出其怀柔政策,招徕降人进行安置,天辅

---

[1] 《金史》卷2《太祖纪》,中华书局,1975,第34页。

[2] 《三朝北盟会编》卷21《亡辽录》,上海古籍出版社,2008,第151页。

[3] (宋)刘忠恕撰,黄实华整理:《裔夷谋夏录》卷1,载上海师范大学古籍整理研究所编《全宋笔记》,大象出版社,2012,第89页。据苗润博先生考证,《裔夷谋夏录》作者为汪藻,参见苗润博:《有关〈裔夷谋夏录〉诸问题的新考索》,《文史》第2辑,2016。

六年（1122年）十月，金太祖下诏："朕屡敕将臣，安辑怀附，无或侵扰。然愚民无知，尚多逃匿山林，即欲加兵，深所不忍。今其逃散人民，罪无轻重，咸与矜免。有能率众归附者，授之世官。或奴婢先其主降，并释为良。其布告之，使谕朕意。"¹天辅七年（1123年），金太祖再次下诏，"郡县今皆抚定，有逃散未降者，已释其罪，更宜招谕之。前后起迁户民，去乡未久，岂无怀土之心？可令所在有司，深加存恤，毋辄有骚动。衣食不足者，官赈贷之"。²金太祖的后妃，崇妃萧氏，是契丹族。³

金熙宗完颜亶（女真名合剌），系金太祖之孙，完颜宗峻之子，在位期间以推行汉制改革而闻名。《金史》本纪对其巡幸地点记载较为简略。但《金史·地理志上》北京路临潢府下有一条小注："有撒里乃地，熙宗皇统九年（1149年）尝避暑于此。"⁴金朝循辽旧俗，有捺钵之制，金熙宗曾在临潢府境内"避暑"，即金代捺钵的"秋山"。金熙宗结束这次避暑后，回到金上京（今黑龙江省哈尔滨市阿城区），年底就遭遇完颜亮发动的宫廷政变，被弑。金熙宗有妃张氏，可能是汉人或渤海人。⁵据宋人载，宋徽宗之女荣德公主（荣德帝姬），被俘后，"嫁习古国王，已死，见在大金皇后后位居"。⁶宋人称荣德公主为金熙宗的皇后，无疑不实，因为按《金史》记载，金熙宗皇后是裴满氏，是女真人。但金熙

---

1 《金史》卷2《太祖纪》，中华书局，1975，第38页。
2 《金史》卷2《太祖纪》，中华书局，1975，第40页。
3 《金史》卷63《后妃传上》，中华书局，1975，第1502页。
4 《金史》卷24《地理志上》，中华书局，1975，第561页。
5 《金史》卷63《后妃传上》，中华书局，1975，第1504页。
6 《三朝北盟会编》卷99《靖康皇族陷虏记》，上海古籍出版社，2008，第731页。

宗所纳后妃中有被俘的宋宗室女，则是事实。

毁誉参半，兼有"女真族改革家"与"暴君"双重身份的金海陵王完颜亮（女真名迪古乃），系金太祖之孙，家室重臣完颜宗干之子，母亲是渤海人大氏。完颜亮个人兼有女真、渤海两族血统。金熙宗时任中京（即辽中京，金初因其名，贞元元年更名北京，今赤峰市宁城县）留守。在中京留守任上，结识了萧裕，二者一拍即合，共同谋划篡位。"熙宗以太祖嫡孙嗣位，亮意以为宗干太祖长子，而己亦太祖孙，遂怀觊觎。在中京，专务立威，以厌伏小人。猛安萧裕倾险敢决，亮结纳之，每与论天下事。裕揣知其意，因劝海陵举大事"[1]。也就是说，完颜亮的帝王之旅，起始点就在中京。完颜亮称帝后，做出的重大政治决策即是将国都从上京迁往燕京（称中都，今北京市）。这次迁都，一举奠定了中国未来近800年的政治格局。天德三年（1151年），完颜亮下诏迁都燕京，至贞元元年（1153年）正式迁都。完颜亮从上京至燕京途中，逗留在今赤峰市相当长的时间。天德四年（1152年）五月，完颜亮由泰州（今吉林省白城市城四家子古城）进入今内蒙古境内，"次临潢府"，六月"驻绵山"，八月"猎于途你山"并"次于铎瓦"，九月"次中京"。逗留近半年后，于贞元元年（1153年）二月"自中京如燕京"[2]。完颜亮在迁都的过程中，在今内蒙古境内逗留时间甚长，逗留期间，或处理政务，或视察边防，或亲自部署迁都事宜。完颜亮在历史上遭受非议的原因之一即后妃众多，他的后妃除女真族外，还有契丹族柔妃耶

---

[1] 《金史》卷5《海陵纪》，中华书局，1975，第91页。
[2] 《金史》卷5《海陵纪》，中华书局，1975，第99—100页。

律弥勒、昭媛耶律察八、丽妃耶律氏以及渤海族贵妃大氏等。[1]

被誉为"小尧舜"的明君——金世宗完颜雍（女真名乌禄），金太祖之孙，完颜宗辅（又名完颜宗尧）之子，母亲是渤海人李氏。天德初年（1149年），完颜雍曾任中京留守。[2]在中京的任期没有完颜亮的时间长，也没有结识什么重要人物。金世宗在完颜亮南征南宋时，在东京（今辽宁省辽阳市）称帝，继续定都中都，并镇压了地理位置在今内蒙古地区爆发的契丹族牧民起义。金世宗在位时，金朝达到全盛，史称"大定之治"。"秋山"活动亦在此时达到极盛。据刘浦江先生考证，"世宗时期以金莲川为固定的驻夏地点"。金莲川位于今内蒙古自治区锡林郭勒盟正蓝旗和河北省张家口市沽源县之间的滦河南岸。[3]此地在元朝时期就是著名的元上都所在地。金世宗在金莲川避暑，还有巩固边防，整军经武，保存兵力等意图。大定二十四年（1184年），金世宗出于捍卫女真族文化的政治理念，率领宗室、群臣巡幸上京会宁府，北上寻根，并在会宁府接见了女真族老人，进行大赦、树碑、宴会等活动。大定二十五年（1185年），金世宗率众返回燕京，回程时曾驻扎天平山、好水川。《金史》载临潢府"有天平山、好水川，行宫地也，大定二十五年命名"[4]。南宋方面对于金世宗的这次巡幸活动予以高度关注，亦获知了金世宗返程的相关情报，但称之为"香草殿"。刘浦江先生认为二者"位于今内蒙古自治

---

1 《金史》卷63《后妃传上》，中华书局，1975，第1508—1514页。
2 《金史》卷6《世宗纪上》，中华书局，1975，第121页。
3 刘浦江：《松漠之间——辽金契丹女真史研究》，中华书局，2008，第307—308页。
4 《金史》卷24《地理志上》，中华书局，1975，第561页。

区扎鲁特旗境内"。¹ 金世宗的后妃中，元妃张氏和李氏是渤海族，昭仪梁氏是汉族，才人石抹氏（即萧氏，金朝改契丹萧氏为石抹氏）是契丹族。²

金章宗完颜璟（女真名麻达葛）。系金世宗之嫡孙。据《金史》记载，大定八年（1168年），金章宗出生于金莲川麻达葛山，金世宗云，"朕子虽多，皇后止有太子一人。幸见嫡孙又生于麻达葛山，朕尝喜其地衍而气清，其以山名之"³。麻达葛山位于今河北省张家口市张北县境内。从某种意义上来看，金莲川对于章宗个人的意义不言而喻。他出生于此地，并在该地获得世宗的赐名，对金莲川应抱有一定的个人感情。但在章宗即位后，由于女真族的汉化日深、汉人儒臣的反对以及军事形势的严峻（金章宗在位时，曾派遣名将夹谷清臣、完颜襄、完颜宗浩发动三次规模较大的北伐，边境界壕之役大兴）等诸多原因。金章宗本人更加倾向选择金中都近畿作为捺钵地点。明昌四年（1193年），章宗欲至金莲川景明宫避暑，董师中、贾铉、许安仁、路铎等上疏表示反对，章宗不得不表示暂停巡幸。⁴ 明昌五年（1194年），金章宗再次表示欲至金莲川避暑，董师中、贾益谦、张暐等人表示反对，但章宗坚持成行，于四月"幸景明宫"，八月"至自景明宫"。⁵ 自此之后，金帝不再巡幸金莲川。金章宗的后妃中，

1　刘浦江：《松漠之间——辽金契丹女真史研究》，中华书局，2008，第310页。
2　《金史》卷85《世宗诸子传》，中华书局，1975，第1897页。
3　《金史》卷9《章宗纪一》，中华书局，1975，第207页。
4　《金史》卷10《章宗纪二》，中华书局，1975，第228页。
5　《金史》卷10《章宗纪二》，中华书局，1975，第232—233页。

元妃李氏（李师儿）及资明夫人林氏、承御贾氏、范氏为汉人。[1]

金卫绍王完颜永济（初名完颜允济，女真名兴胜），系金世宗之子、金章宗之叔，母元妃李氏，渤海人。按《元史》记载，成吉思汗向金进贡时，时为卫王的完颜永济曾在净州（今乌兰察布市四子王旗西北20公里）与之见面。"初，帝（成吉思汗）贡岁币于金，金主（金章宗）使卫王允济受贡于净州。帝见允济不为礼。允济归，欲请兵攻之"在这次极具历史意义的会见中，成吉思汗看出了完颜永济的外强中干。由于金章宗的自私心理，选择柔懦的叔叔完颜永济即位，而成吉思汗得知卫绍王即位后说："我谓中原皇帝是天上人做，此等庸懦亦为之耶，何以拜为！"成吉思汗从此不再视金为大国、宗主国，决心伐金。[2] 卫绍王大安三年（1211年），金蒙战争爆发，金军连战连败，只有招架之功，毫无还手之力。金朝深陷内忧外困中，权臣纥石烈执中（女真名胡沙虎）发动政变，废黜卫绍王并杀之，迎立金世宗之孙，金章宗长兄金宣宗完颜珣（女真名吾睹补）即位。不久，金军将领术虎高琪又发动政变，杀纥石烈执中。宣宗即位之初，与蒙古议和，决定实施和亲，据刘晓先生考证，金宣宗将卫绍王第四女完颜氏嫁给成吉思汗，史称"公主皇后"，汉族。长春真人丘处机西行觐见成吉思汗，途经漠北，称完颜氏为"汉公主"。[3] 充分说明了经历尽百年的民族融合，至金末，女真族与汉族在生活习俗上并无太大差异。由于公主皇后的努力，蒙古汗国保护了卫绍王的

---

1 《金史》卷64《后妃传下》，中华书局，1975，第1527—1531页；《金史》卷93《章宗诸子传》，中华书局，1975，第2058页。

2 《元史》卷1《太祖纪》，中华书局，1976，第15页。

3 中央民族大学历史系：《民族史研究》第5辑，民族出版社，2004，第15—21页。

部分血脉。

除以上六帝外。金太宗完颜晟（女真名吴乞买）和章宗之父完颜允恭（女真名胡土瓦）存在到达今内蒙古地区的可能性。据刘浦江先生研究，金太宗时，多在"凉陉"纳凉，即"亡辽"夏捺钵之地。炭山位置众说纷纭，刘先生认为位于今河北省沽源县境内。[1] 如前所述，金太祖、金海陵王、金世宗从位于今黑龙江的上京至中都路、西京路，一般都要经过今内蒙古地区的通辽、赤峰等地，金太宗曾途经今内蒙古地区的可能性较高。金太宗的后妃中，有被俘虏收入后宫中的辽、北宋人。乾道五年（金大定九年，1169年），南宋楼钥随其舅汪大猷使金，次年回程，途经相州（今河南省安阳市），"把车人"向楼钥等提供金军正在与北方游牧民族进行战争的相关情报，且云："太子（完颜允恭）自去边头议和，半年不决，又且归。"[2] 此类宋人使北语录文献，多存在夸大辽、金边患的倾向，[3] 但太子完颜允恭亲临今内蒙古地区的可能性是存在的。完颜允恭的后妃中，昭圣皇后刘氏（宣宗生母）可能是汉人或渤海人，诸姬田氏、王氏、刘氏是汉人。[4] 南迁前的金帝，多有巡幸内蒙古的经历，显示出对这一地区战略地位的高度重视。

本时期的内蒙古地区的民族分布，可以表述为以女真族为主体，汉族占大多数，契丹族占有相当数量和比例，兼有蒙古、奚、渤海、回鹘等众多民族。北方系金朝的战略要地，部署重兵。金

---

1 刘浦江：《松漠之间——辽金契丹女真史研究》，中华书局，2008，第306页。
2 《楼钥集》卷120《北行日录下》，浙江古籍出版社，2010，第2117页。
3 姜锡东：《宋史研究论丛》第25辑，科学出版社，2019，第267—286页。
4 《金史》卷64《后妃传下》，中华书局，1975，第1526页；《金史》卷93《显宗诸子传》，中华书局，1975，第2056页。

朝在北方设置东北路招讨司、西北路招讨司、西南路招讨司。其中，东北路招讨司多治北京路泰州，统率驻军。西北路招讨司治西京路桓州（今锡林郭勒盟正蓝旗），西南路招讨司治西京路丰州（今呼和浩特市白塔村古城）。金朝统治今内蒙古地域时期，担任三路招讨使可考者53人，其中女真族占75%，契丹族占10%，奚族占2%，民族不详者占12%。较为著名者：女真族有完颜璋、完颜守能、完颜安国、完颜思敬、夹谷查剌等；契丹族有耶律涂山、耶律怀义、移剌按答、移剌道等；奚族有萧怀忠等。[1] 金代临潢府路兵马都总管及临潢尹可考者有11人，皆为女真族。较为有名者有夹谷查剌、完颜谋衍、吾扎忽、乌古论三合等。[2] 任北京留守、北京路兵马都总管、同知北京留守事可考者29人，其中女真族21人，契丹族3人，渤海族1人，汉族4人。较为著名者：女真族有完颜宗浩、乌古论元忠等；契丹族有石抹荣、移剌成等；汉族有李偲、刘玑等。任北京路转运司官员可考者18人，其中：汉族12人、女真族2人、渤海族3人、契丹族1人。较为著名者：女真族有乌林答与、完颜宗亨，契丹人有移剌斡里朵；汉族有刘麟、萧贡、赵秉文；渤海族有高德基。任北京路提刑司、按察司官员可考者有9人，其中：汉族5人、女真族3人、契丹族1人。较为著名者：女真族有抹撚尽忠等；契丹族有移剌福僧；汉族有高汝砺等。[3] 总体来看，金朝的民族政策强调女真族的统治地位，

---

1 王尚：《金代招讨司研究》，吉林大学硕士学位论文，2011，第21页。
2 宁波：《金代北京路地区研究》，吉林大学博士学位论文，2014，第43页。注：原文为12人，完颜承晖系同知临潢府尹，非临潢尹，予以排除。
3 宁波：《金代北京路地区研究》，吉林大学博士学位论文，2014，第45、49、51页。注：北京留守张晖即赤盏晖，当列入女真族，原文数字有所调整。任提刑司、按察司官员者，高汝砺当为汉族，移剌福僧当为契丹族。

但也只能在极个别官职上做到"绝对垄断",大多数官职还要兼容并蓄。女真族在北疆重要官员的任命上占据绝对优势,体现了金朝皇帝对他们的信任。契丹族、奚族尽管与前朝关系密切,但熟悉游牧生产生活,作战也很勇猛,在金朝北疆的版图上,也是不可轻视的力量。渤海族、女真族统治者认为,两个民族"本同一家"[1]。渤海族是女真族在金代北疆稳固政权的重要帮手,故而重用之。汉族在金政权统治下的各民族中人口最多,任何统治者都不能做到完全无视。汉族官员多系科举出身,在行政政务及文治方面更为擅长,强调文治的金帝,多任用之。但是,金朝的政治制度在封建化改革后,严格遵循中国历代封建王朝的任官回避制度,强调当地人(特别是汉人)不能在本地担任官职,如于大定初年任临潢府临潢县令的周论,系"平凉人(甘肃省平凉市)也"[2]。元人韩政,其高祖生活在金时期,"高祖讳天麟,知金临潢府,有惠政,民祠奉之。卒葬城南,因家焉"。其后代贞祐时南迁,定居益都府(今山东省青州市)[3]。韩天麟在临潢任知府,后来在临潢定居,说明其原籍绝非临潢府。元人仇谔远祖,"入金,有更朔平、临潢二县令者,讳辅,即家临潢"[4]。该情况与韩天麟相同。

金朝在北部边疆统辖的各个民族有着多重身份的认同。如:对金朝的认同、对自己本民族的认同、对自己阶层的认同,除此之外,女真、奚、契丹等少数民族,在汉文化的影响下,形成了

---

1 《金史》卷2《太祖纪》,中华书局,1975,第25页。
2 王新英:《金代石刻辑校》,吉林人民出版社,2009,第169页。
3 《袁桷集校注》卷34《韩威敏公家传》,中华书局,2012,第1562页。
4 《柳贯集》卷10《有元故奉议大夫福建闽海道肃政廉访副使仇君墓碑铭》,浙江古籍出版社,2014,第262页。

对于其居住地域及家乡认同。金时，迁居北京路、西京路的女真猛安谋克，多以金源故地女真语地名，特别是以水命名，如西南路延晏河猛安（《金史·完颜安国传》）等。但在金朝中期，移居今内蒙古地区的女真族后裔已有认同移居地为家乡者。元代地方志云，大宁县（金北京大定府大定县）有完颜曧墓，"大定人。金故特进、兴中府尹。墓在大宁西三十里玉泉乡，有明昌初翰林待制党怀英所撰碑记"[1]。其人从名字来看为金宗室，与金太祖、金太宗系同辈。"大定人"当系墓碑文字，显示完颜曧对故乡的认同，遂葬于此。金末名将完颜彝（女真名陈和尚），元好问所撰神道碑云，其人亦为金宗室，"其上世以上京军戍天德（即丰州，天德系其军号），因而家焉"[2]。契丹人移剌子敬（宋人作"耶律子敬"，移剌系金时耶律改姓）于大定十年（1170年）出使南宋，南宋以赵雄充馆伴使，赵雄询问了移剌子敬的籍贯，移剌子敬回道："在北京，旧日大辽所谓中京者。"[3]《金史》本传云为辽五院人，更加强调部族认同，而移剌子敬回答赵雄的话，则显示他对北京的地域认同。

二、各民族对北疆的开发

金朝时在北疆生活的各民族，在经济发展方面都作出了重要

1　《元一统志》卷2《辽阳等处行中书省·大宁路》，中华书局，1966，第217页。

2　姚奠中主编，李正民增订：《元好问全集》卷27《赠镇南军节度使良佐碑》，山西古籍出版社，2004，第574页。

3　《建炎以来朝野杂记》乙集卷8《赵温叔探赜虏情》，中华书局，2000，第630页。

贡献。其中：女真族、汉族、奚族多从事农业生产；契丹族、蒙古族主要从事游牧生产。各民族均有一定数量从事手工业和商业的人口。

农业方面。北疆的耕地，从性质上进行划分，可分为官田和民田。官田可划分为女真牛头地、军事屯田等。牛头地是金初女真族特有的一种土地制度，"牛头税。即牛具税，猛安谋克部女真户所输之税也。其制每耒牛三头为一具，限民口二十五受田四顷四亩有奇，岁输粟大约不过一石，官民占田无过四十具。天会三年（1125年），太宗以岁稔，官无储积无以备饥馑，诏令一耒赋粟一石，每谋克别为一廪贮之。天会四年（1126年），诏内地诸路，每牛一具赋粟五斗，为定制"[1]。张博泉先生认为，"牛头地是女真族奴隶制土地分配和占有的一种主要方式。其土地最高所有权掌握在国家手中，不得买卖，女真贵族和各家族只有从国家分得、占有或使用权"，而且金初女真族多在村社聚族而居，"父子兄弟聚居的大家族和父子兄弟析居的小家庭共同存在。析居户仍保有合产聚种的遗风，他们合聚一起构成一具（二十五口），分得四顷四亩有奇的牛头地，共同占有，聚种经营"[2]。牛头地制度非常适合金初女真族的农业生产以及金灭辽后掌握北疆大片耕地的事实。但是，随着女真族的封建化改革，这一制度越来越无法维持，土地买卖越来越盛行。富者通过兼并土地，变得越来越富有，逐步转化为封建地主阶级。穷者则失去自己的土地，并因金朝赋予女真族的特权，逐渐丧失劳动能力，变得越来越贫穷。值得注意的是，金朝在北疆的牛头地分配可能并非仅限于女真族。

---

[1] 《金史》卷47《食货志二》，中华书局，1975，第1062—1063页。
[2] 张博泉：《金代女真"牛头地"问题研究》，《历史研究》1981年第4期。

金太宗灭宋后，宋宗室举族被俘，部分宗室被迁至临潢府（时称北京）。金熙宗时，宋人载，"一金国北京，坐诸宫院见在宗室仲慕、仲瑥等，并宗女、姨媼、兵士等，仅五百余人，去年来上京，告朝廷艰难，赐钱三万贯、牛二百头为养济"[1]。金熙宗时，由于与南宋的和议，对被俘的宋宗室施行了部分让步政策，如摆脱奴籍、释为良民、官府供养等措施。金朝对临潢府的宋宗室分配耕牛，意味着可能亦分配了相应的耕地。个别北宋宗室在获得自由、成为编户齐民后，甚至实现了发家致富，如：元初赵振玉曾对元好问述及自己的家世，远祖本系北宋保州（今河北省保定市）宗室，"吾赵氏世居保塞，以仕迁大梁（即汴京，今河南省开封市）"，但金灭北宋后，"金朝兵破大梁，吾宗例为兵所驱，尽室北行。至龙山（即利州龙川县，今辽宁省喀喇沁左翼蒙古族自治县西南白塔子镇），遂占籍焉。虽谱牒散亡，而其见于祖茔石志者盖如此。（赵）振玉之曾大父（赵）伸，隐田间，致赀钜万。娶王氏"[2]。金朝曾在中原建立傀儡政权——伪齐，立刘豫为"子皇帝"。天会十五年（1137年），金废除伪齐政权，封刘豫为蜀王，"遂迁豫家属于临潢府。皇统元年（1141年），赐豫钱一万贯、田五十顷、牛五十头"[3]。其受赐的土地系国有土地。

军事屯田。金朝在北疆部署重兵，沿金界壕一线，有相当数量的军队在此驻防。古人一直有"自古用兵，且耕且战"之说。[4]

---

[1] 《三朝北盟会编》卷99《靖康皇族陷虏记》，上海古籍出版社，2008，第732页。

[2] 姚奠中主编，李正民增订：《元好问全集》卷30《龙山赵氏新茔之碑》，山西古籍出版社，2004，第626页。

[3] 《金史》卷77《刘豫传》，中华书局，1975，第1761页。

[4] 《金史》卷47《食货志二》，中华书局，1975，第1054页。

金朝对此予以高度重视，金世宗时，完颜宗叙建议招募贫民至沿边屯田，"尝请募贫民戍边屯田，给以廪粟，既贫者无艰食之患，而富家免更代之劳，得专农业"，金世宗本人也曾过问屯田事宜。大定十七年（1177年），金世宗云，"戍边之卒，岁冒寒暑，往来番休，以马牛往戍，往往皆死。且夺其农时，败其生业，朕甚闵之。朕欲使百姓安于田里，而边圉强固"，世宗亲自下令，"今以两路招讨司、乌古里石垒部族、临潢、泰州等路，分置堡戍，详定以闻，朕将亲览"。[1] 军事屯田显然取得了一定成效，韩茂莉先生认为，金时"沿边戍卒的民族构成虽然不同，但戍边屯垦的内容却没有变化。从各边堡所发现的大量金代农具即可说明这一点"[2]。金界壕沿线遗址众多，农具类文物的出土充分说明金代屯田规模之盛。金朝北疆的乣人（以契丹人为主，多从事游牧生产），如迭剌、唐古二部五乣，亦有从事农业生产者（以奴婢为主）。大定二十三年（1183年），金朝对猛安谋克户人口进行统计，"迭剌、唐古二部五乣，户五千五百八十五，口一十三万七千五百四十四（注：内正口十一万九千四百六十三，奴婢口一万八千八十一），田四万六千二十四顷一十七亩，牛具五千六十六"[3]。即有牛具5066，从事农业生产人口数量及比例不低。

民田。主要包括北部边疆百姓自耕农耕种的土地、封建地主拥有的土地、寺院田等。前两者的耕地，是金朝北疆农业生产所有及政府租税的主要来源。在金朝中期的女真族封建化进程中，

---

1 《金史》卷71《宗叙传》，中华书局，1975，第1645—1646页。
2 韩茂莉：《辽金农业地理》，社会科学文献出版社，1999，第187页。
3 《金史》卷47《食货志二》，中华书局，1975，第1064页。

部分女真贵族转化为封建地主，大量兼并土地。河套平原的耕地肥沃，成为这些人觊觎的对象。大定二十一年（1181年），金世宗云，"前参政纳合椿年占地八百顷，又闻山西田亦多为权要所占，有一家一口至三十顷者，以致小民无田可耕，徙居阴山之恶地"[1]。金代民田普遍实行封建租佃制，但北疆寺院田也是个例外，属于辽时皇室贵族给予佛教寺院过多特权的历史遗留问题。[2] "辽人佞佛尤甚，多以良民赐诸寺，分其税一半输官，一半输寺"，称"二税户"。大定二年（1162年），金世宗免部分二税户为民。[3]部分寺院二税户地位有所下降，几同奴婢。这一现状也引起某些人的非议。金章宗时，完颜襄认为"出家之人安用仆隶？乞不问从初如何所得，悉放为良。若寺观物力元系奴婢之数推定者，并合除免"[4]。完颜襄认为，寺院二税户与佛教主张众生平等的理念不合，而且金朝统治下的中原地区，寺庙地主施行租佃制，绝无奴婢劳作等事。在完颜襄等人的建议下，金章宗下诏二税户全免为良，部分寺院二税户身份得到解放。[5]金朝放二税户为良民，是北疆生产关系的一次比较大的变革，对于农业生产力的发展无疑具有一定的促进作用。

金时，北疆的农业生产受到自然环境持续恶化的不利影响。据韩茂莉先生研究，辽金时期的西辽河流域"气候逐渐转向冷干。

1　《金史》卷47《食货志二》，中华书局，1975，第1046页。
2　刘浦江：《辽金史论》，辽宁大学出版社，1999，第304—313页；陈晓伟：《辽以释废：少数民族社会视野下的佛教》，《世界宗教研究》2010年第1期。
3　《金史》卷46《食货志一》，中华书局，1975，第1033页。
4　《金史》卷94《内族襄传》，中华书局，1975，第2088页。
5　张博泉：《辽金"二税户"研究》，《历史研究》1983年第2期。

冷干气候特征至金代已经比较明显"[1]。相对寒冷的气候，加之辽时对这一地区的过度开发，导致类似沙尘暴等自然灾害频发，对于农业生产是相当不利的。尽管如此，这一时期北疆的农业生产在各族人民的辛勤劳动下，仍然有不小的进步，尤其是农业生产技术方面，"从文物考古成果看，金代东北各地出土的锄类农具数量与地点都比辽代多而广。辽代具有精耕特点的农业，仅局限在辽中京大定府一带，而金时已经大幅度扩展，金上京路、东京路、临潢府路、咸平路等都有这样的器物出现"[2]。其进步是不言而喻的。金时，各族劳动人民的辛勤耕作是北疆农业经济发展的根本性原因。辛勤耕作的劳动成果奠定了稳定的物质基础。

畜牧业方面。金代北疆草原面积广大，分布众多官牧场，《金史》称之为"群牧所"。金代女真族虽并非游牧民族，但以骑射得天下，对于马这一战略物资十分重视。金朝通过契丹族、蒙古族等游牧民族从事畜牧养马工作。《金史·地理志上》中记载有世宗、章宗时设置的十二群牧所名[3]，经韩茂莉先生考证，金时西京路与北京路范围是金代群牧所主要设置的地点，其中绝大多数位于今内蒙古境内。金代群牧所从空间上，经历了"从西辽河

---

[1] 韩茂莉：《草原与田园——辽金时期西辽河流域农牧业与环境》，生活·读书·新知三联书店，2006，第161页。注：北疆地区气候的逐渐变冷，可能和长白山火山的喷发存在一定的关系，根据史料记载，1014—1019年及1199—1201年，长白山天池火山有两次规模较大的喷发，参见崔钟燮、刘嘉麒：《长白山天池火山公元1014—1019年大喷发的历史记录》，《地质论评》2006年第5期；崔钟燮、刘嘉麒、韩成龙：《长白山火山公元1199—1201年喷发的历史记录》，《地质论评》2008年第4期。

[2] 韩茂莉：《辽金农业地理》，社会科学文献出版社，1999，第256页。

[3] 《金史》卷24《地理志上》，中华书局，1975，第571—572页。

流域向今雁北、张北一带转移，又再度从今雁北、张北一带回归西辽河流域的过程"[1]。内蒙古地区无疑是重要战略物资——战马的主要蕃息之地。

大定二十八年（1188年），金朝的官营牧场规模达到全盛，据《金史》记载，时诸群牧所"蕃息之久，马至四十七万，牛十三万，羊八十七万，驼四千"[2]。这一数字是相当可观的。金章宗时，诸群牧所虽不复昔日之盛，但仍保有相当规模。金朝前期女真骑兵之剽悍，金中期纠军骑兵之精锐，无一不建立在金朝对于群牧苦心经营的前提下。金朝前中期，骑兵普遍一人二马，金军战马数量之盛，可想而知。金章宗时，国势已渐趋弱，然而金世宗时留下的官营牧场的家底，还是比较丰厚的。泰和六年（1206年），金和南宋重新开战。这次战争，金朝称为"泰和南征"，南宋称为"开禧北伐"。此战，金章宗调动北部精锐纠军南下，以为前锋，大获全胜，攻入南宋境内。参战的金军骑兵给宋人留下了深刻印象。[3]具有实干精神的南宋武学生华岳评价道：在局部战场，金军骑兵的数量远多于宋军，"虏人一鞭所指，动辄数万"[4]。从草原上繁衍生息且精心调教的战马，在质量上也远远胜于南宋购买的川马。华岳云，"敌之马则雨雪连月，其去如跃；沙碛千里，其疾如飞，而非吾马之所能敌也"，"敌之马则连牧数月而汲饮

---

[1] 韩茂莉：《草原与田园——辽金时期西辽河流域农牧业与环境》，生活·读书·新知三联书店，2006，第109—111页。

[2] 《金史》卷44《兵志》，中华书局，1975，第1005页。

[3] 李浩楠：《〈翠微北征录〉中的金史史料研究》，载《辽金史论集》第15辑，科学出版社，2017，第240—241页。

[4] 《翠微北征录》卷5《陷骑》，载《宋集珍本丛刊》第78册，线装书局，2004，第270页。

不拘，连饿数日而乘骑不乏，而非吾马之所能及也"[1]。大安三年（1211年），金蒙战争爆发，蒙古军在契丹人耶律秃花的带领下，袭击金群牧所。金群牧所近百年之积蓄，尽为蒙古所得。所获马匹数量，有"几百万""四十万"二说。金朝失去群牧所马匹后，正如王曾瑜先生所论，金军实现了"由骑兵为主到步兵为主的转变"[2]。北疆诸群牧所之得失，于金、元两朝之兴衰，不可谓不重焉。

此外，金时北疆农业居民中有一定比例的家庭畜牧业，饲养耕牛、羊、猪、鸡、鸭等。其中，女真族尤喜养猪。

手工业方面可从盐业、酿酒业、陶瓷业展开论述。

盐业。正所谓"柴米油盐酱醋茶"，盐是人民日常生活不可或缺的物资。同时，食盐专卖又是封建王朝的重要财源。金时，政府实行食盐专卖制度，一共设置7个盐使司，在北疆地区设置的是西京盐使司和北京盐使司。承安三年（1198年），金政府提高了盐价，北京食盐专卖课额由213892贯500文增至346151贯617文2分。西京课额由100419贯696文增至280264贯608文。[3]这个数字在金朝7个盐使司的课额中排名都是靠后的。毕竟池盐的产量远不能同海盐相比，北疆池盐的产量也无法同河东解州盐池相比。金时，食盐专卖有严格的食盐销售区域限制，北疆地区除北京路所辖地区可食用崇州（今辽宁省绥中县）、锦州盐场的海盐以及西京路所辖地区可食用西京大同府盐之外，以食用本地池盐为主。据《金史》记载，临潢府北部有大盐泺，净州（今乌兰察布市四子王旗西北20公里）

---

1 《翠微北征录》卷1《平戎十策·御骑》，载《宋集珍本丛刊》第78册，线装书局，2004，第249页。

2 王曾瑜：《金朝军制》，河北大学出版社，2004，第150页。

3 《金史》卷49《食货志四》，中华书局，1975，第1101页。

有天山盐场，西京盐使司驻狗泺。核以《中国历史地图集》[1]，大盐泺位于今锡林郭勒盟东乌珠穆沁旗西南，天山盐场位于今乌兰察布市四子王旗境内，狗泺位于今锡林郭勒盟太仆寺旗西南与河北省沽源县交界处。北疆地区主要以池盐为主，但此类食盐缺乏碘，长期食用可能会导致甲状腺肿大等一系列碘缺乏病。

酿酒业。金时，中都（今北京地区）设有都曲酒使司，主管酒水专卖。盐使司之外的其他诸使司，如酒使司、曲使司、醋使司等，通称"使司"。[2]1964年秋，内蒙古文物工作队人员在赤峰市巴林左旗征集到银铤5件，其中两枚带有"使司"戳记。[3]金时，饮酒包括粮食酒、果酒、药酒等，在生产技术方面，烧酒的发展和逐渐普及尤其值得注意。学术界过去一般认为中国烧酒（蒸馏酒）起源于元代，但随着吉林大安辽代白酒酿造遗址的发现[4]，还有1975年在今河北省青龙满族自治县出土的蒸馏器，林荣贵先生考证为"金代或金末元初遗物"[5]。证实了中国古代烧酒酿造起源于辽、发展于金、普及于元。这类蒸馏酒的度数不及现代。吉林大安在金时属北京路，紧邻今内蒙古自治区通辽市。

---

1 谭其骧：《中国历史地图集》第6册《宋、辽、金时期》，中国地图出版社，1982，图50、51。

2 刘浦江：《金代"使司"银铤考释》，载《松漠之间——辽金契丹女真史研究》，中华书局，2008，第337—341页。

3 李逸友：《巴林左旗出土金代银铤浅释——兼论金代银铤形制》，《中国钱币》1986年第1期。

4 宋晖、陈曦：《吉林发现最早的白酒酿造作坊遗址》，《中国社会科学报》2012年5月18日；许坤：《寻根，白酒从何处来？》，《华夏酒报》2014年8月5日；吴敬：《再论吉林大安辽金时期蒸馏酒遗存的工艺及历史地位》，《北方文物》2020年第6期。

5 林荣贵：《金代蒸馏器考略》，《考古》1980年第5期。

河北省青龙满族自治县在金时亦属北京路，靠近内蒙古自治区赤峰市。我们有充足的理由相信，金代北疆今属赤峰、通辽两市的人民对于早期的蒸馏酒应不感到陌生。随着蒸馏酒的发明，金代北疆人民在享受"大碗饮酒"的快乐之余，也受到酒精性疾病的困扰。

陶瓷业。金时，北疆陶瓷业发展的重要标志是位于赤峰市松山区猴头沟乡缸瓦窑村的缸瓦窑。缸瓦窑"窑址的文化堆积主要有辽、金两个时期，金代是缸瓦窑的一个繁荣时期，堆积较厚，遗存丰富"[1]。缸瓦窑出土的制瓷工具有：研磨具，包括石臼、研钵、磨等；垫拍具；施纹工具，包括用于刻划纹饰的骨刻刀和用于印施花纹的印模；范。出土窑具有：匣钵、支烧具、间隔具。在属于金代的地层和灰坑中发现过厚厚的煤砟层，证明金时陶瓷烧制燃料实现了以柴为主到以煤为主的变化。金代中期，缸瓦窑瓷器流行对口套烧法，晚期流行涩圈叠烧法。[2] 根据学者对缸瓦窑出土辽金瓷器的最新研究成果，证实缸瓦窑胎体元素组成具有典型北方"高铝低硅"的特征，细白瓷胎可能使用了有别于其他品种瓷器的原料配方，且淘洗更为精细。[3]

建筑业。金时，北疆由于边防和经济发展，建筑业得到一定程度的发展。部分建筑是国家主导修筑，最典型的就是金界壕，可谓是金代北疆的超级工程。金界壕在内蒙古境内长达上千公里，赤峰市境内的金界壕经过考古学家项春松先生的亲自踏察得出以

---

[1] 彭善国：《辽代陶瓷的考古学研究》，吉林大学出版社，2003，第34页。
[2] 彭善国、郭治中：《赤峰缸瓦窑的制瓷工具、窑具及相关问题》，《北方文物》2000年第4期。
[3] 杜瑞妍、张茂林、郁永彬、冯吉祥、王建保：《内蒙古赤峰缸瓦窑出土瓷器胎釉EDXRF分析》，《广西民族大学学报》（自然科学版）2021年第1期。

下结论：金界壕东北向在今赤峰市阿鲁科尔沁旗边缘，由通辽市进入赤峰境内。共经过5个旗（县）和15个乡、镇（苏木），分别是：阿鲁科尔沁旗巴彦包勒格苏木—阿鲁科尔沁旗巴彦温都尔苏木—巴林左旗乌兰达坝苏木—巴林左旗浩尔吐乡—巴林左旗白音乌拉苏木—巴林右旗索博日嘎苏木—巴林右旗朝阳乡—林西县五十家子镇—林西县老房身乡—林西县新林镇—林西县统部乡—林西县板石房子乡—克什克腾旗天合园乡—克什克腾旗巴彦查干苏木—克什克腾旗达尔罕乌拉苏木，然后进入锡林郭勒盟境内。赤峰市境内金界壕按地形图直线距离为370余公里，按曲线走向实际里程为560公里左右。[1] 其中：阿鲁科尔沁旗境内长度为90公里，巴林左旗境内长度为120公里，巴林右旗境内长度为80公里，林西县境内长度为90公里，克什克腾旗境内长度为180公里。金界壕由壕堑（沟堑、壕沟）、壕壁（堤）、马面、瓮门、边堡、烽燧等组成。壕堑是金界壕的主体，"界壕"亦由此得名。景爱先生认为，"在已知的金代边壕中，以临潢路边壕最为宽阔，系由两条平行的沟堑组成。内壕一般宽15—20米，外壕一般宽6—8米，在内壕、外壕之间，保留有一道隔墙，被称作长堤或副堤"。[2] 巴林右旗巴根吐金界壕遗址的形制甚至是"三壕三堤"。考古工作者将由北向南的三段界壕分别命名为A、B、C号界壕。其中：A号界壕"距地表深0.2—0.3米，截面呈'V'形，壕口宽4米，底宽0.1—0.2米，深0.5米，壕壁为斜直坡式。壕内填土为黑褐色淤积土，内含草根和石块"；B号界壕"壕宽

---

[1] 项春松：《最富民族特色的建筑艺术——赤峰金代边堡界壕考察报告》，载《赤峰历史与考古文集》，内蒙古新闻出版局，2002，第144—170页。
[2] 景爱：《中国长城史》，上海人民出版社，2006，第278—279页。

4.5—4.7米，底宽0.05—0.15米，深1.25米。截面呈'V'字形，斜坡壁。壕内填土为黑色黏土"；C号界壕"断面呈'V'形，内填黑色黏土，无遗物。宽4米，深1米，斜直壁"。[1] 工程量之大可想而知。除此之外，尚有宫殿建筑，赵雄同移剌子敬的对话谈及了金时北京的宫殿，"（赵）温叔（赵雄）云：'西京、北京宫苑亦皆壮丽否？'（移剌）子敬云：'皆不减南京。见今诸处亦不住修。盖本朝法严，修盖灭裂，有司得重罪。'"[2] 在移剌子敬看来，北京宫殿规模亦非常可观，而且不时修缮。

  商业方面，主要包括商贩长途贩运和房地产交易等。据《金史·董师中传》记载，明昌四年（1193年），金章宗欲至景明宫避暑，董师中等人极谏，他们认为西京、北京临潢府等近年来收成欠佳、粮价较高，加之边防紧张，百姓承担养马、签军、挑壕（即修建金界壕）等徭役，已不堪重负。过去巡幸金莲川，"旧藉北京等路商贩给之"，随从皇帝的上万人马涌入金莲川，物资供应紧张，价格上涨，一旦商贩供应不及时，扈从人等或有怨言，行"犯上"之举，将如何收场。董师中的进谏很有说服力，金章宗当年停止巡幸金莲川。但也说明，金帝巡幸金莲川带来了众多不事生产的扈从人员，生活物资需求供应量大，吸引北京路等地的商贩携带粮食等物资进行长途贩运活动。金时，政府征收的杂税包括房税（官房房租）和地基钱（城镇官地的租钱），由店宅务（楼店巡）负责征收，今有正隆五年（1160年）"北京楼店巡记"

---

1 内蒙古自治区文物考古研究所、巴林右旗博物馆：《巴林右旗巴根吐金代界壕发掘简报》，《内蒙古文物考古》2010年第1期。

2 《建炎以来朝野杂记》乙集卷8《赵温叔探赜房情》，中华书局，2000，第630页。

官印存世。[1]

三、金代北疆的通用语言文字及民族语言文字

金代北疆诸民族都有各自民族的语言，并使用以燕京话为标准语的通用语言。其中：汉族、渤海族使用汉语，属于汉藏语系。古汉语的书面语和口语是互相独立的，这就造成了一个现象，有些少数民族或外国人士认识汉字、会写汉字，能够与中原士人进行"笔谈"，但是不会说汉语口语。古汉语的语法与现代汉语并无二致，是典型的"主语—谓语—宾语"形式。古汉语的书面语，如诗赋、骈文等，都有严格的韵律要求；女真族使用女真语，属于阿尔泰语系满—通古斯语族，与后来的满语存在较为密切的联系；契丹族使用契丹语，蒙古族使用蒙古语，属于阿尔泰语系。阿尔泰语系的语法是典型的"主语—宾语—谓语"形式。这一特点，同时期的南宋人也有掌握。南宋洪迈云在绍兴三十二年（金大定二年，1162年）使金，称"初读书，先以俗语颠倒其文句而习之，至有一字用两三字者。顷奉使金国时，接伴副使秘书少监王补每为予言以为笑。如'鸟宿池中树，僧敲月下门'两句，其读时则曰：'月明里和尚门子打，水底里树上老鸦坐'，大率如此。补锦州人，亦一契丹也"。[2] 生动地描写了契丹人所用语法与汉语的不同。汉语是僧（主语）敲（谓语）月下（状语）门（宾语），而契丹语是月明里（状语）和尚（主语）门子（宾语）打（谓语）。另

---

1 刘浦江：《金代杂税论略》，载《辽金史论》，辽宁大学出版社，1999，第296—298页。

2 《夷坚丙志》卷18《契丹诵诗》，载《夷坚志》，中华书局，1981，第514页。

一句诗：汉语是鸟（主语）宿（谓语）池中（状语）树（宾语），而契丹语是水底里（状语）树上（宾语）老鸦（主语）坐（谓语），都是谓语动词在末尾。

中国古代汉语口语的标准语（通用语言）在金代发生了重要变化。据王曾瑜先生考证，中国古代的标准语的形成与变迁，与政治中心所在地有较为密切的联系。秦、西汉时，以秦晋一带的方言作为标准语。东汉之后至北宋，洛阳语作为标准语的地位没有动摇。金朝定都中都，当时的燕京话逐渐在其统治区域推广，开始取代洛阳话作为标准语。楼钥使金，至开封。发现金承应人言语"微带燕音"[1]，即同宋使对话使用洛阳话，但已经夹杂燕地一带的口音。同时，今北京方言的儿化音在辽金时期的燕京方言中已有例证。元明清之后，北京话作为标准语逐渐取代洛阳话。[2]河南开封言语已有夹杂燕京口音者，距离金中都更近的金代北疆地区，想必口语中燕京话的成分较之河南更加丰富。北京及其周边地区自古以来就是各民族混居、交汇之地，以汉族为主的各民族从不同角度发展、丰富了这一地区的方言，但是没有改变燕地方言是汉语方言的性质。语言学家丁治民先生在考证唐至金代北京地区韵部演变的同时，批判了日本学者桥本万太郎和中国学者爱新觉罗·瀛生有关北京话语音系统较简单受到阿尔泰语系影响的观点，认为"《中原音韵》以前六百多年即七至十三世纪今北京地区的语音系统就比较简单"。[3]辽金特别是金代的燕京话正好

---

1 《楼钥集》卷119《北行日录上》，浙江古籍出版社，2010，第2094页。

2 王曾瑜：《书同文和标准话》，载《点滴编》，河北大学出版社，2010，第508—512页。

3 丁治民：《唐辽宋金北京地区韵部演变研究》，黄山书社，2006，第168页。

处于这一时期，燕京话语音系统相对简单的特点，也便于迁居这一地区的少数民族学习。这一特点延续至今，须知"普通话的标准音采集点，是以满族为主的少数民族人口占62%的承德滦平县。可以说，历史上少数民族学习汉语对现代普通话的形成和发展功不可没"[1]。

金时，汉语燕京方言作为标准语的地位不是由政府的强力推行导致的，而是与各民族普遍使用汉语有着密切的关系。当然，金朝的汉化政策及燕京地区作为政治中心的地位，加快了燕京话逐渐取代洛阳话作为标准语的历史进程。天会三年（宋宣和七年，1125年），北宋许亢宗使金，途经黄龙府（今吉林省长春市农安县）时，惊奇地发现，"当契丹强盛时，虏获异国人则迁徙、杂处于此。南有渤海，北有铁离、吐浑，东南有高丽、靺鞨，东有女真、室韦，东北有乌舍，西北有契丹、回纥、党项，西南有奚，故此地杂诸国风俗；凡聚会处，诸国人语言不能相通晓，则各为汉语以证，方能辨之"[2]。吉林省长春市农安县距内蒙古自治区通辽市较近，许亢宗《行程录》记载的民族，从方位上看有古代中原汉族、东北少数民族、北方少数民族、西北少数民族，甚至还有高丽人（位于朝鲜半岛，辽圣宗时曾与高丽爆发战争，掳掠人口至此）；从语系上看，有属汉藏语系者，有属阿尔泰语系者，有属朝鲜语系者；从时间年代上看，这一"多民族各自使用本民族语言且在共存场合下使用汉语作为通用语言"的格局形成于辽。由于金时汉化程度远超辽时，加速了这一趋

---

[1] 郝时远：《铸牢中华民族共同体意识必须推广国家通用语言文字》，《人民日报》2018年10月31日。

[2] 贾敬颜：《〈许亢宗行程录〉疏证稿》，载《五代宋金元人边疆行记十三种疏证稿》，中华书局，2004，第248—249页。

势。金初,北疆地区同样存在各民族平时使用本民族语言但在多民族语言环境下使用燕京话作为通用语言的情况,在逻辑上是成立的。辽末金初,汉语口语在北疆及东北部分地区作为通用语言的地位已不可撼动。入主中原的女真族,对于汉语口语的使用也经历了从陌生到具备使用能力再到熟悉的历史过程。金初,女真族官员处理政务非常依赖通事(即翻译),被誉为南宋"苏武"、逗留金朝十年之久的洪皓曾记载了一个故事:金初,从事翻译的通事以受贿为能事,"上下重轻,皆出其手,得以舞文招贿,三二年皆致富,民俗苦之",金太宗时期任燕京留守的银术哥大王(即《金史》中的完颜银术可)审问一民事案件。案件较简单,即平民数十家欠富僧钱,不肯偿还,富僧扬言欲上告官府,"逋者大恐,相率赂通事,祈缓之",通事进一步索取重贿,在官府上将富僧诉状换成另一张写有汉字的纸,将其翻译为,"久旱不雨,僧欲焚身动天,以苏百姓"。银术哥大王不识真伪,连连称好,后"须臾出郭,则逋者已先期积薪,拥僧于上,四面举火。号呼称冤,不能脱,竟以焚死"。[1] 完颜银术可既不懂汉语口语,又不能读懂汉字,导致活生生上演了一出悲剧。时间仅过去三四十年,在金世宗时,梁肃上疏论国家财政,提出了开源节流的主张,第一件即"罢随司通事"。[2] 女真族掌握汉语口语的速度是惊人的,上述史料证明,入主中原的女真族下一代已普遍掌握了汉语口语。

金时,女真、契丹人学习、使用通用语言,并不等于放弃自己本民族的语言,他们在家庭或本民族成员较多时,多使用本民族语言,在官方场合或多民族共处的场合下使用通用语言。即使

---

1 朱易安、傅璇琮等:《全宋笔记》第3编,大象出版社,2008,第127页。
2 《金史》卷89《梁肃传》,中华书局,1975,第1985页。

他们使用通用语言，也会夹杂部分少数民族词汇。以女真语为例，据《金史·国语解》和孙伯君先生的《金代女真语》[1]考证，女真人使用汉名，取汉字，但一般不会改易姓氏。女真姓氏中，如阿不罕，汉语意为"天"。奥屯，汉语意为"整木槽盆"；唐括，汉语意为"百"；乌延，汉语意为"猪"。有些女真人起汉名，但同时保留了女真族名字，史料称为"小字"，还有汉人起女真名字者。前引燕京留守完颜银术可，银术可汉语意为"珍珠"或"六十"。金都元帅完颜宗弼，女真名为兀术，汉语意为"头"。金初名将完颜娄室，娄室汉语意为"难耕湿地也"。金末汉族名将郭赟，又名郭阿邻，赐姓完颜，阿邻汉语意为"山"。职官，如：猛安，汉语意为"千"，引申可称"千户"；谋克，汉语意为"族长"，引申为"百户"。女真语地名，如金兴王之地有按出虎水，"按出虎"汉语意为"金"。金之国号正得于此。[2]位于抚州的昂吉泺，汉语意为"鸳鸯、黄鸭"，即辽代的鸳鸯泺。

金代北疆诸民族在使用通用语言的同时，汉语和各少数民族语言之间也是交流、融合的关系。以女真语为例，女真语在金代的发展，绝不仅仅是吸收汉语借词，而是逐渐由使用女真语为主转向汉语为主的简单过程。女真语亦有影响汉语之处，主要表现在汉语中的女真语借词，如金军编制中的猛安（千户）、谋克（百户），在金末的汉族地主武装中广泛存在。以戏曲为例，据徐朔方先生研究，元杂剧应正名为金元杂剧或金（宋）元杂剧，今存

---

[1] 孙伯君：《金代女真语》，辽宁民族出版社，2004。
[2] 刘浦江：《关于金朝开国史的真实性质疑》，载《辽金史论》，辽宁大学出版社，1999，第19—20页。

元杂剧带有金之印记者，共21种。[1]如《便宜行事虎头牌》（又名《武元皇帝虎头牌》），即为元代女真人李直夫所作，反映了金代边军的生活。戏文中的完颜阿可系"京都路忽里打海世袭民安下女直人氏"。"民安"即女真语"猛安"。[2]据孙伯君先生研究，类似的女真语词汇在元明戏曲中也有一定数量的存在。[3]

生活在金代北疆的各民族，绝大多数都有本民族语言，但拥有本民族文字的只有三个民族，分别是汉族、契丹族、女真族。汉族一般使用汉字；契丹族使用创制于辽代的契丹大字和契丹小字，明昌二年（1191年），金朝诏令在政府层面不再使用契丹文字；女真族使用女真大字和女真小字，现存女真文字的字形既像笔划简单的汉字，又像契丹大字。[4]女真大字系金初完颜希尹（女真名谷神）所创制，"金人初无文字，国势日强，与邻国交好，乃用契丹字。太祖命希尹撰本国字，备制度。希尹乃依仿汉人楷字，因契丹字制度，合本国语，制女直字。天辅三年（1119年）八月，字书成，太祖大悦，命颁行之"，金熙宗时创制的女真文字成为女真小字。[5]明昌五年（1194年），为了纪念完颜希尹创制女真文字，金章宗下诏为完颜希尹立庙。"遂诏令依苍颉立庙于盩厔例，官为立庙于上京纳里浑庄，委本路官一员与本千户春秋致祭，

1　徐朔方：《金元杂剧的再认识》，载《徐朔方集》第1卷，浙江古籍出版社，1993，第95—107页。

2　《便宜行事虎头牌》，载《全元戏曲》第4卷，人民文学出版社，1999，第199页。

3　孙伯君：《元明戏曲中的女真语》，《民族语文》2003年第3期。

4　刘凤翥：《契丹、女真文字简介》，载《女真译语校补和女真字典》，中西书局，2019，第300—311页。

5　《金史》卷73《完颜希尹传》，中华书局，1975，第1684页。

所用诸物从宜给之"[1]。金时,女真文字主要使用场景是科举考试,即金世宗时创制的女真进士科,虽然向各民族开放,但考试规定只能使用女真文字。[2]除女真字石刻外,陕西省博物馆和俄罗斯圣彼得堡均发现有女真文残叶。[3]

金时,政府曾经用女真文字翻译汉文经史著作。完颜允恭为太子时,完颜匡为太子侍读,负责教授金章宗及金宣宗汉字和女真文字,驼满九住时为寝殿小底,二者曾发生一场争论,"驼满九住问匡曰:'伯夷、叔齐何如人?'匡曰:'孔子称夷、齐求仁得仁。'九住曰:'汝辈学古,惟前言是信。夷、齐轻去其亲,不食周粟饿死首阳山,仁者固如是乎?'匡曰:'不然,古之贤者行其义也,行其道也。伯夷思成其父之志以去其国,叔齐不苟从父之志亦去其国。武王伐纣,夷、齐叩马而谏。纣死,殷为周,夷、齐不食周粟遂饿而死。正君臣之分,为天下后世虑至远也,非仁人而能若是乎。'是时,世宗如春水,显宗从,二人者马上相语遂后。显宗迟九住至,问曰:'何以后也?'九住以对,显宗叹曰:'不以女直文字译经史,何以知此。主上立女直科举,教以经史,乃能得其渊奥如此哉。'称善者良久,谓九住曰:'《论语》,知之为知之,不知为不知,是知也。汝不知不达,务辩口以难人。由是观之,人之学、不学,岂不相远哉。'"[4]从上段文字来看,作为太子的完颜允恭对于儒

---

1 《金史》卷35《礼志八》,中华书局,1975,第825页。

2 闫兴潘:《金代女真进士科非"选女直人之科"考辨》,《湖北民族学院学报》(哲学社会科学版)2013年第1期。

3 金启孮:《陕西碑林发现的女真字文书》,《内蒙古大学学报》(哲学社会科学版)1979年第1、2期合刊;(苏)卡拉等著,姚凤译:《纸抄女真文的首次发现》,《北方文物》1985第2期;孙伯君:《圣彼得堡藏女真文草书残叶汇考》,《北方文物》2008年第3期。

4 《金史》卷98《完颜匡传》,中华书局,1975,第2164页。

家经典达到熟稔的程度，经典文字应用自如。作为太子侍读的完颜匡亦十分熟悉儒家经典，完颜允恭谓之"不以女直文字译经史，何以知此"，可知完颜匡是从女真文字的经史著作中了解伯夷、叔齐的事迹，完颜匡对于伯夷、叔齐的事迹的了解程度，与传统史籍记载无二。至于他对伯夷、叔齐二人事迹是关乎君臣名分的解释，揭示了他很好地掌握了儒家"礼"的精神。完颜匡如此熟悉儒家经典，史料记载他后来阅读汉文原文存在一定的可能性。但更可能的情况是经史著作由女真族的优秀知识分子翻译，尽量做到忠于原意。与西夏党项族知识分子翻译《诗经》时，"译例中有半数均存在不同程度的误解，甚至是严重失误"[1]形成鲜明对比。

女真族擅长诗词者人数不少。完颜亮、完颜璟均是著名的帝王诗人，完颜亮的诗词被岳飞之孙岳珂所肯定。完颜亮的早年诗作："蛟龙潜匿隐沧波，且与虾蟆作混和。等待一朝头角就，撼摇霹雳震山河。"表现了作者的志向远大，且毫无掩饰之举。其咏月的词作《鹊桥仙》："停杯不举，停歌不发，等候银蟾出海。不知何处片云来，做许大通天障碍。虬髯捻断，星眸睁裂，惟恨剑锋不快。一挥截断紫云腰，子细看嫦娥体态。"可谓霸气十足，豪放之气为南宋诸人所不及，在帝王诗词中实属罕见。[2]金章宗的诗作充满了富贵气，有"五云金碧拱朝霞，楼阁峥嵘帝子家。三十六宫帘尽卷，东风无处不扬花"之句，金末太学生刘祁评价为"真帝王诗也"。[3]

汉字在金时是国家通用文字，体现在官方编纂、制造的史书

1　聂鸿音：《西夏译〈诗〉考》，《文学遗产》2003第4期。
2　《桯史》卷8《逆亮辞怪》，中华书局，1981，第95—96页。
3　《归潜志》卷1，中华书局，1983，第3页。

和印信中。我们今天了解到的金代史实,大部分是通过元朝末年编纂的《金史》。而此《金史》的主要取材对象就是金官方编纂的十部《实录》。其中:《祖宗实录》记载了女真完颜部逐渐壮大、崛起的历史;《太祖实录》《太宗实录》记载了完颜部统一女真各部,建立金朝,灭亡辽、宋的历史。根据邱靖嘉先生的研究,金朝国史院所修《实录》"最初可能是以汉文纂定,而后经由契丹文最终译为女真文本"[1]。汉文《实录》的第一手材料性质和权威性是不言而喻的。官印是古代封建王朝中央颁发的印信,是权力的代表和象征。官印文字则据历代金石文献著录和考古发现的金朝官印,汉字官印占据了绝对统治地位。[2] 据《金代官印》记载,北疆出土的有关女真族猛安谋克官印皆为汉字官印。如刻于大定十年(1170年)、1957年于通辽市奈曼旗出土的"多尅捆山谋克之印";1982年出土于兴安盟科尔沁右翼前旗的"胡迪谋克之印"为金末南迁后建于今东北地区的东夏国政权所刻。属于游牧民族的乣军及乣相关官印,有刻于正隆元年(1156年)、1980年出土于通辽市科尔沁左翼后旗的"西北路胡都乣[3]详稳之印";刻于正隆元年(1156年)、1980年出土于通辽市科尔沁左翼中旗的"西北路霞麽乣麽胡记";刻于正隆元年(1156年)、1988年发现于通辽市开鲁县的"西北路苏母典乣麽胡记"。从制作年代上看,正隆元年(1156年),金朝曾向西北路诸乣颁发统一官印。猛安谋克官印和诸乣官印,尽管有女真语及其他少数民族语言的内容,但却使用汉字进行表达,所选汉字一般偏中

---

[1] 邱靖嘉:《〈金史〉纂修考》,中华书局,2017,第25页。
[2] 景爱、孙文政、王永成:《金代官印》,中国书店,2007。
[3] 以下三则"乣"字,均为"亻"加"乣"字。

性，不似宋人选择具有贬义的汉字。军事官印，有刻于明昌七年（承安元年，1196年）、新中国成立后出土于赤峰市巴林右旗的"行军第三万户之印"。此外，还有通辽市奈曼旗出土的金代契丹文官印。金代官印多使用一种文字，不像后来的元、清两朝，官印篆刻有汉字和少数民族文字。

金代官印

除官印之外，内蒙古地区也有各民族文字的石刻发现、著录与出土。汉字方面，著名的有现存于呼和浩特市的万部华严经塔，塔内第一层原嵌砌金时的石碑有九块，现存六块。六块碑文中包含诸多金时多民族混居、民族融合的内容。如第三块碑铭记载了龄寿郎君庄的龄寿是女真族，其妻牛氏是汉族；谋克官校尉罗□、其母系南撒行均为女真族,其妻郭氏是汉族。[1]塔内现存金、元、明题记160余条。金时题记还有契丹文和女真文题记。汉文题记内容丰富,有关于游览方面的,如"大定十八年(1178年)五月二十二日,关西镇戎军(位于今宁夏回族自治区固原市)樊典到此准题"。有各族的人名,如女真族人名"完颜乞汛"等。[2]1993年,赤峰市巴林左旗辽上京博物馆从辽上京遗址西约40公里的巴林左旗碧流台乡中段村南面的山坡上,发现了刻于大定二十九年(1189年)的明堂石,共刻有114个汉字。[3]此外,内蒙古地区还出土了大定二十三年(1183年)东胜县邓文贵买地券和大定二十九年(1189年)东胜州邢禹买地券。[4]买地券即墓券,是中国古代随葬明器,刻有文字古墓地使用权,买地券均有青龙、白虎、朱雀、玄武等四至及道教咒语等。

女真文字方面,著名女真文字专家爱新觉罗·乌拉熙春先生在内蒙古考察辽代古迹时,于大兴安岭南麓发现了女真人用墨笔书写在岩壁上的一首七言绝句。[5]使用女真文字创作七言绝句并刻于岩壁,体现了女真族和汉族的文化交融。呼和浩特市武川县金界壕遗址出土的瓷器中,有7件瓷器圈足上有女真文墨书。据

---

[1] 孟广耀:《金朝呼和浩特地区》,载《北部边疆民族史研究》上册,黑龙江教育出版社,2002,第214页。

[2] 李逸友:《呼和浩特市万部华严经塔的金元明各代题记》,《文物》1977第5期。

[3] 张兴国:《内蒙古巴林左旗发现的金代明堂石铭文试析》,载《辽宁省博物馆馆刊》第5辑,辽海出版社,2010,第230—233页。

[4] 樊运景:《我国内蒙古及宁夏、甘肃等地金代石刻辑校》,《内蒙古大学学报》(哲学社会科学版)2017年第4期。

[5] 金适:《大兴安岭石崖发现八百年前女真大字墨书诗作》,《东北史地》2015年第6期。

孙伯君先生考证，该字音"撒必"，本义指瑞兽"狮子"，引申语义为"祥瑞"。[1]

契丹文字方面，1993年9月，赤峰市敖汉旗出土一方契丹小字墓志，墓主生前任金博州防御使。[2]关于墓主的身份，学术界有不同的意见，刘浦江先生认为是《金史》中的移剌斡里朵。[3]爱新觉罗·乌拉熙春先生认为墓主为习撚，并非移剌斡里朵。[4]

四、北疆金军的民族构成

中国自古就是统一的多民族国家，如果放在军事范畴中加以描述，就是中国古代无论是汉族还是少数民族建立的封建王朝，其军队都绝非由单一民族构成，而是普遍由多民族组成进行联合作战。两汉时期，匈奴属国骑兵和乌桓突骑横行天下。[5]唐朝时期，蕃兵蕃将占据半壁江山。[6]元朝、清朝时期，内陆水域及海上征

---

[1] 孙伯君：《金代界壕磁窑边堡新发现女真文考释》，《满语研究》2021年第1期。

[2] 王大方、朱志民：《内蒙古敖汉旗出土的契丹小字金代防御使墓志》，《内蒙古大学学报》（哲学社会科学版）1994年第3期；朱志民：《内蒙古敖汉旗老虎沟金代博州防御使墓》，《考古》1995第9期。

[3] 刘浦江：《内蒙古敖汉旗出土的金代契丹小字墓志残石考释》，《考古》1999年第5期。

[4] 吉本智慧子（爱新觉罗·乌拉熙春）：《契丹小字〈金代博州防御使墓志铭〉墓主非移剌斡里朵——兼论金朝初期无"女真国"之国号》，载《辽金史论集》第10辑，中国社会科学出版社，2007，第225—230页。

[5] 王子今：《两汉军队中的"胡骑"》，《中国史研究》2007第3期。

[6] 马驰：《唐代蕃将》，三秦出版社，1990。

战多依赖汉人水军及绿营水师。[1] 同历代封建王朝相似，金军也是由诸多民族构成的。[2]

北疆是金朝防御的重点，多部署重兵。据《金史》记载，金朝边境置兵之州共38处，位于今内蒙古境内的有：东胜州（今呼和浩特市托克托县）、净州（今乌兰察布市四子王旗西北20公里）、庆州（今赤峰市巴林右旗西北查干木伦河西岸白塔子）、桓州（今锡林郭勒盟正蓝旗）。金朝置兵要州有11处，位于内蒙古地区的有：临潢府（今赤峰市巴林左旗）、丰州（今呼和浩特市白塔古城）。[3] 金朝在北疆部署了相当数量的军队，承安二年（宋庆元三年，1197年），使金的宋使卫泾，回宋后上奏，"今两敌相持，犹在亘（桓）、抚等州，而临潢被围，踰时未解，在边之兵，仅三十万，复期以九月决战"[4]。虽有虚夸之嫌，但也说明金朝在北疆的驻军数量相当可观。

金朝前期，以女真骑兵灭辽伐宋，是金朝皇帝最为倚重的力量。女真族特有的政治和军事组织叫作猛安谋克，作为女真族社会组织单位的猛安谋克及其所辖的"猛安谋克户"，承担着金帝所赋予对驻扎地区的征伐、镇守、监视的职能。据张博泉先生等考证，可以肯定位于内蒙古地区的猛安谋克有：全州（今赤峰市翁牛特旗）烈虎等五猛安、临潢府路曷吕斜鲁猛安、临潢府路赫

---

[1] 安京：《蒙古国早期的水军与水战》，《内蒙古社会科学》（汉文版）2001年第1期；王刚：《清代绿营官兵编入八旗水师考析》，《清史研究》2016年第1期。

[2] 王曾瑜：《金朝军制》，河北大学出版社，2004，第96—106页。

[3] 《金史》卷44《兵志》，中华书局，1975，第998页。

[4] 《历代名臣奏议》卷350《奉使回奏事札子》，上海古籍出版社，2012，第4539页。

沙阿猛安、临潢府路斜剌阿猛安、临潢府路昏斯鲁猛安、多廷掴山谋克、西南路忽论宋割（胡论宋葛）猛安、毕里海猛安。可能位于内蒙古地区的猛安谋克有：北京路笤柏山猛安、北京路窟白猛安陀罗山谋克、北京路讹鲁古必剌猛安、北京路宋阿答阿猛安、北京路出团猛安、北京路猛安、西北路没里山猛安、西北路宋割里答合猛安、西北路宋葛斜斯浑猛安、西北路猛安、西南路延晏河猛安、西南路按出灰必剌罕猛安、西南路押懒河猛安、西南路猛安。[1]猛安谋克带有兵农合一的性质，平时务农，战时为兵，猛安谋克户遇到战争时签发从军。金边军"镇防军"多为女真族，驻扎北疆者，据《金史》记载有"诸屯田被差及缘边驻扎捉杀军""北边临潢等处永屯驻军""诸北边永驻军"等，有永屯及分番屯戍之别。[2]女真军队前期战斗力相当强悍，但受女真族享有政治特权等因素影响，中期已不及前辈。

女真族名将出征今内蒙古地区者甚多，前期参与攻打辽朝者有完颜宗雄、黄掴敌古本、完颜杲（女真名斜也）、完颜阇母、完颜昌等（女真名挞懒）。大定初年，参与镇压契丹牧民起义者有纥石烈志宁、完颜谋衍、仆散忠义、完颜宗叙、乌延查剌等。世宗、章宗时，参与镇压契丹起义以及对北方游牧民族政权的防御、征伐活动者有：夹谷清臣、完颜襄、完颜宗浩、完颜安国、完颜宗道等。金末，女真族将领参与金蒙战争者有：完颜鼎、完颜彝（女真名陈和尚）等。女真军队长于作战坚忍，能屡败屡战、连续作战，甚至能打一百余"回合"，远强于辽、西夏的骑兵。

---

1 张博泉等：《金史论稿》第1卷，吉林文史出版社，1986，第281—332页。
2 《金史》卷44《兵志》，中华书局，1975，第1008—1009页。

但不擅长短兵近战。[1]在今内蒙古地区的作战，也面临着不适合草原、沙漠环境的问题。

金朝前期军队在今内蒙古地区征战，尤其是攻打辽朝的过程中，女真骑兵发挥了至关重要的作用。蒸蒸日上的金军面对江河日下的辽军，可谓是摧枯拉朽。辽朝灭亡之际，昔日依附、臣属辽朝的部族、属国有来援助辽朝者，阴山鞑靼（阴山毛割石、达打毛合尖，在今内蒙古阴山地区游牧）以及西夏军队，皆以能征善战闻名。金将完颜宗望（女真名斡离不）围攻北宋东京时，曾移牒北宋朝廷，"夏国王李乾顺（即西夏崇宗）、达打毛合尖并助亡辽，犯我行阵，未鼓而破"[2]。"达打毛合尖"即阴山鞑靼。天辅六年（1122年），西夏军队援辽，攻丰州，金朝名将完颜娄室率军与之对阵。金军初战失利，数量上又不及西夏军，将领中出现怯战倾向。完颜娄室力排众议，坚持战斗，他亲自侦查，认为"敌（西夏军）众而无威，易与耳"，于是"乃分所将为二旅，更出□□□□□□□□□引却，其□继出，进退以诱之。退凡□□过□水，乃再整行列，奋锐气驰击，敌兵遂却退。我大军亦至，合击之，敌乃大溃。追至邪俞水，杀数千人"。西夏军撤退正赶上洪水暴发，损失惨重。[3]完颜娄室，"先示弱诱敌出战，然后利用己方女真骑兵的坚忍性与敌周旋，消耗敌军锐气，殆敌军疲乏之时，与援军一道发动致命的总攻击，大获全胜"。更关键的是，此战之后西夏不敢轻视金，导致金在灭亡北宋后，金夏

---

1 王曾瑜：《金朝军制》，河北大学出版社，2004，第143—144页。
2 《三朝北盟会编》卷29，上海古籍出版社，2008年版，第214页。
3 《完颜娄室神道碑》，载《金碑汇释》，吉林文史出版社，1989，第27页。

双方的和平时间长达近百年。¹金军在击败阴山鞑靼和西夏军后，追袭辽天祚帝，"蒲家奴、宗望率兵四千为前锋，昼夜兼行，马多乏，追及辽主于石辇驿，军士至者才千人，辽军余二万五千。方治营垒，蒲家奴与诸将议。（耶律）余睹曰：'我军未集，人马疲剧，未可战。'宗望曰：'今追及辽主而不亟战，日入而遁，则无及。'遂战，短兵接，辽兵围之数重，士皆殊死战。辽主（天祚帝）谓宗望兵少必败，遂与嫔御皆自高阜下平地观战。余睹示诸将曰：'此辽主麾盖也。若萃而薄之，可以得志。'骑兵驰赴之，辽主望见大惊，即遁去，辽兵遂溃"²。尽管辽军拼死一战，仍不敌金军。

金军在灭亡辽的过程中，遇到的强敌为曾经率领残军大败宋军的辽将耶律大石。天辅七年（1123年），耶律大石攻奉圣州（今河北省涿鹿县），"师初入燕，辽兵复犯奉圣州，林牙大石壁龙门东二十五里。都统斡鲁闻之，遣照立、娄室、马和尚等率兵讨之，生获大石，悉降其众"³。打败耶律大石的将领又是完颜娄室，"辽都统大石犯奉圣州，壁龙门东二十五里，娄室、照里、马和尚等以兵取之，生获大石，其众遂降"⁴。耶律大石受到金军胁迫，追击辽天祚帝。但耶律大石不甘心为金太祖效力，设法脱离金军，投奔辽天祚帝。不久后，耶律大石又与天祚帝发生矛盾，率众逃亡至北方游牧民族地区，决心借助漠北之力复兴辽朝。耶律大石在漠北站稳脚跟后，继续西征。金朝对于耶律大石势力的发展极

1　李浩楠：《金朝与西夏关系研究的几个问题》，《西夏研究》2010年第1期。
2　《金史》卷74《宗望传》，中华书局，1975，第1701—1702页。
3　《金史》卷2《太祖纪》，中华书局，1975，第41页。
4　《金史》卷72《娄室传》，中华书局，1975，第1650页。

其警惕，先后发动两次征伐。天会八年（1130年），金太宗"遣耶律余睹、石家奴、拔离速追讨大石，征兵诸部，诸部不从，石家奴至兀纳水而还"[1]。天会九年（1131年），宋人载，"是春，金左副元帅宗维（完颜宗翰）使右都监耶律余睹将燕、云女真二万骑，攻故辽林牙大石于曷董城。调山西、河北夫馈饷，自云中（今山西省大同市）至曷董城，经沙漠三千余里，无得还者"[2]。女真骑兵进入漠北草原地带作战，面临不熟悉地形、环境恶劣等困难，漠北诸部多不服从金朝调发，加之后勤供给困难，因此并未取得实质性战果。耶律大石后来建立西辽政权，称霸于西域地区。但金朝始终对其怀有戒心，担心其东征，欲复兴契丹。

金朝前、中期一度对契丹族、奚族设置猛安谋克，位于今内蒙古境内的有兰子山猛安和游古河猛安。金初契丹族重臣萧仲恭之子萧拱，"本名迪辇阿不，初为兰子山猛安"[3]。移剌斡里朵，"正隆间，转同知北京留守事。会游古河阑子山等猛安契丹谋乱，时方发兵讨之，别遣斡里朵押军南下。至松山县为贼党江哥所执，且欲推为主盟，要以契约"[4]。阑子山猛安应即兰子山猛安。日本学者三上次男认为，阑子山、游古河猛安"当距松山县不远"[5]。金时，松山县位于今赤峰市西南部。大多数游牧部落按照部族和乣进行管理。关于乣军的民族构成，王曾瑜先生认为是非女真族

---

1 《金史》卷121《粘割韩奴传》，中华书局，1975，第2637页。
2 《建炎以来系年要录》卷43，中华书局，2013，第924页。
3 《金史》卷82《萧拱传》，中华书局，1975，第1850页。
4 《金史》卷90《移剌斡里朵传》，北京：中华书局1975年版，第2002页。
5 （日）三上次男著，金启孮译：《金代女真研究》，黑龙江人民出版社，1984，第516页。

的游牧民族，包括部分奚族、契丹族。[1]刘浦江先生认为主要由契丹族组成。[2]在女真军战斗力下降的同时，乣军的战斗力对于金朝而言越来越重要，或镇抚北疆，或南伐南宋。金之衰落与灭亡，也与其民族压迫政策导致乣军倒向蒙古有着十分密切的关系。这段历史说明，民族团结才是一个国家、民族的正确发展之路，民族团结兴，则社会发展，人民安定，国家富强。反之，如果一个国家在内部坚持民族压迫，不论如何兴盛一时，最后的结局必然是人民离心离德、百姓怨念，最后分崩离析。中国历代封建王朝最终走向灭亡之路，除了阶级压迫的本质之外，始终走不出民族压迫的怪圈，也是原因之一。汪古部曾为金朝守边，元初阎复记载，元朝高唐王阔里吉思，"始祖卜国，汪古部人，世为部长，亡金（金朝）堑山为界，以限南北，忠武王（阿剌兀思剔吉忽里）一军扼其冲"，蒙古兴起时归附成吉思汗。[3]

《金史》主要记载的是契丹族、奚族将领，金朝前期参与对辽战争及备边，在今内蒙古地区征战者有耶律余睹、耶律怀义、伯德特离补、移剌温等。金朝中期，参与镇压契丹族起义及镇守北边者有萧怀忠、移剌道、移剌子敬、移剌按答、伯德梅和尚等。金末，参与金蒙战争者有伯德窊哥等。契丹等民族组成的乣军擅长骑射，适合草原及沙漠作战，弱点是坚忍性不及金初的女真军队，攻城能力也较弱。乣军在表现最为出色之时，即金章宗时的南征北战。金章宗前期，曾对北方游牧民族发动了三次大规模

---

1 王曾瑜：《金朝军制》，河北大学出版社，2004，第102页。

2 刘浦江：《〈金朝军制〉平议——兼评王曾瑜先生的辽金史研究》，载《松漠之间——辽金契丹女真史研究》，中华书局，2008，第392页。

3 《静轩集》卷3《驸马高唐忠献王碑铭》，载《元人文集珍本丛刊》第2册，新文丰出版公司，1985，第547页。

战争，乣军是主力。明昌六年（1195年），夹谷清臣行省于临潢，率军北上，"进至合勒河，前队（移剌）敏等于栲栳泺攻营十四，下之"。移剌敏为契丹族将领。[1]但由于处理不当，北阻䪁叛金。金章宗命完颜襄代替夹谷清臣，进攻北阻䪁。明昌七年（1196年），完颜襄率军至龙驹河，解救被围困的东路军，"向晨压敌，突击之，围中将士亦鼓噪出，大战，获舆帐牛羊。众皆奔斡里札河。遣（完颜）安国追蹑之。众散走，会大雨，冻死者十八九，降其部长，遂勒勋九峰石壁"[2]。名将仆散忠义之子仆散揆，金章宗时曾"复出御边，当转战出塞七百里，至赤胡睹地而还"[3]。承安三年（1198年），完颜宗浩北伐，先逼降广吉剌部，后招降合底忻与山只昆部，进讨迪列土部。后合底忻部复叛，完颜宗浩率军讨之，"于窊里不水纵击大破之。婆速火九部斩首、溺水死者四千五百余人，获驼马牛羊不可胜计"[4]。章宗末年的宋金战争，金军获胜的重要原因即"至于乣军，亦驱之为前锋"[5]。乣军的能征善战加上章宗时在世的世宗朝女真族宿将，保证了章宗朝南北两线战争的胜利。乣军由于金朝的压迫政策，有时对统治者怀有二心。金蒙战争爆发时，大多数倒向新兴的蒙古汗国。不过即使如此，金末仍有乣军随金宣宗南迁，坚持作战。金末最具战斗力的军队——忠孝军有"乃满"（蒙古乃蛮部）人。[6]

---

[1] 《金史》卷94《夹谷清臣传》，中华书局，1975，第2085页。
[2] 《金史》卷94《内族襄传》，中华书局，1975，第2089页。
[3] 《金史》卷93《仆散揆传》，中华书局，1975，第2068页。
[4] 《金史》卷93《宗浩传》，中华书局，1975，第2074页。
[5] 姚奠中主编，李正民增订：《元好问全集》卷18《内相文献杨公神道碑铭》，山西古籍出版社，2004，第425页。
[6] 姚奠中主编，李正民增订：《元好问全集》卷27《赠镇南军节度使良佐碑》，山西古籍出版社，2004，第575页。

汉族、渤海族皆为农耕民族。据《金史》记载，北疆驻军有"上番汉军"[1]，即金朝从中原征发汉人组成的汉军。金朝前期对汉族采用签军制，扰民极大，颇不得人心。加之征发多为富户及汉人遭遇的歧视，汉军战斗意志不强。大定初，这一境况在北疆未有改善。契丹起义军进攻宁昌，金将完颜宗叙手下有女真、渤海骑兵30人，汉军120人，接战初"汉兵皆散走"。完颜宗叙率领剩余女真、渤海骑兵拼死作战，击退契丹起义军。[2] 楼钥使金，途经胙城县（今河南省延津县），当地父老向其抱怨"女婿戍边十年不归"[3]。戍边时间长达十年以上，亲人分居之苦可知。大定十年（1170年），金世宗采纳名臣魏子平的建议，向民间征收免役钱，招募士兵，以募兵制取代签军制。[4] 募兵制依赖军赏，强调"重赏之下，必有勇夫"，在金钱的刺激下，汉人从军愿望有一定的增强。明昌二年（1191年），名士王寂在汤池（今辽宁省盖州市）得遇李致道，其人少年投笔从戎，中年得官，晚年归隐，王寂赋诗中有"一从王师去开边，临敌奋勇能当千""千金卖剑买乌犍，耕田凿井如终焉"等句。[5] "开边"即李氏从军参与在北疆与北方游牧民族的战争。汉军长于步兵，尤其擅长防御作战，守城、守边、屯田均有作为。

内蒙古境内长达上千公里的金界壕，想必在金代有相当数

---

1 《金史》卷44《兵志》，中华书局，1975，第1009页。
2 《金史》卷71《宗叙传》，中华书局，1975，第1644页。
3 《楼钥集》卷119《北行日录上》，浙江古籍出版社，2010，第2096页。
4 刘浦江：《〈金朝军制〉平议——兼评王曾瑜先生的辽金史研究》，载《松漠之间——辽金契丹女真史研究》，中华书局，2008，第392页。
5 贾敬颜：《王寂〈鸭江行部志〉疏证稿》，载《五代宋金元人边疆行记十三种疏证稿》，中华书局，2004，第186页。

量的汉军驻防。金代汉军在北疆的重要作用,即从事界壕的修筑、挑壕等,工程量相当浩大。而后作为主要防御力量驻守金界壕,配合女真军或乣军出征作战。金朝修筑界壕在金世宗大定末年。据《金史》记载,"边堡,大定二十一年(1181年)三月,世宗以东北路招讨司十九堡在泰州之境,及临潢路旧设二十四堡障参差不齐,遣大理司直蒲察张家奴等往视其处置。于是东北自达里带石堡子至鹤五河地分,临潢路自鹤五河堡子至撒里乃,皆取直列置堡戍。评事移剌敏言:'东北及临潢所置,土塉樵绝,当令所徙之民姑逐水草以居,分遣丁壮营毕,开壕堑以备边。'上令无水草地官为建屋,及临潢路诸堡皆以放良人戍守。省议:'临潢路二十四堡,堡置户三十,共为七百二十,若营建毕,官给一岁之食。'上以年饥权寝,姑令开壕为备。四月,遣吏部郎中奚胡失海经画壕堑,旋为沙雪堙塞,不足为御。乃言:'可筑二百五十堡,堡日用工三百,计一月可毕,粮亦足备,可为边防久计。泰州九堡、临潢五堡之地斥卤,官可为屋外,自撒里乃以西十九堡,旧戍军舍少,可令大盐泺官木三万余,与直东堡近岭求木,每家官为构室一椽以处之。'"[1] 界壕的主体位于临潢路,即今内蒙古自治区通辽市、赤峰市境内。同时,这段材料说明:临潢府路境内的金界壕始建于金世宗大定末年;临潢府路境内界壕的主体是边堡和壕堑;边堡之地往往有房屋之建设;界壕的修筑需要耗费大量人力物力;限于当时的自然条件,特别是内蒙古特有的沙尘暴天气,耗费众多人力物力开凿的壕堑容易被风沙填平。

---

[1] 《金史》卷24《地理志上》,中华书局,1975,第563—564页。

金章宗时期，界壕的修建进入了一个高潮时期。完颜襄"因请就用步卒穿壕筑障，起临潢左界北京路以为阻塞。言者多异同，诏问方略。襄曰：'今兹之费虽百万贯，然功一成则边防固而戍兵可减半，岁省三百万贯，且宽民转输之力，实为永利。'诏可。襄亲督视之，军民并役，又募饥民以佣即事，五旬而毕。于是西北、西南路亦治塞如所请"。修筑完毕后，临潢"减屯兵四万，马二万疋"。[1] "步卒"说明修筑界壕的主力是驻防汉军，此外尚有征发百姓的劳役和雇佣的饥民。仆散揆，"沿徼筑垒穿堑，连亘九百里，营栅相望，烽候相应，人得恣田牧，北边遂宁"[2]。独吉思忠，"（大定时修筑界壕）虽有墙隍，无女墙副堤。思忠增缮，用工七十五万，止用屯戍军卒，役不及民"[3]。完颜宗浩亦曾"行省事，以督其役（修筑界壕）"。[4] 金章宗时修筑的界壕耗费了大量的人力物力，尤其是戍边汉军，劳役沉重。金世宗时期界壕的"老毛病"——对抗沙尘天气仍然是难以解决的难题。明昌年间，朝臣反对"有司建议，自西南、西北路，沿临潢达泰州，开筑壕堑以备大兵，役者三万人"的意见主要是"所开旋为风沙所平，无益于御侮，而徒劳民"[5]。此外，汉军还擅长使用石砲、弓弩[6]、早期火器等先进武器，但受金军压迫的影响，战斗意志

---

1 《金史》卷94《内族襄传》，中华书局，1975，第2090—2091页。
2 《金史》卷93《仆散揆传》，中华书局，1975，第2068页。
3 《金史》卷93《独吉思忠传》，中华书局，1975，第2064页。
4 《金史》卷93《宗浩传》，中华书局，1975，第2074页。
5 《金史》卷95《张万公传》，中华书局，1975，第2103—2104页。
6 金界壕沿线曾出土弩机，为当时汉军使用。参见张柏忠：《吐列毛杜古城调查试掘报告——兼论金代东北路界壕》，《文物》1982年第7期；庞志国、刘红宇、张志立、郭学富、何明：《吉林省德惠县后城子金代古城发掘》，《考古》1993年第8期。

相对薄弱，一旦遇到兵力较少或恶劣战况，多以溃败告终。金朝后期，汉军成为绝对主力。

金代北疆军队中诸民族在将领的统一指挥下互相配合作战，在长期的战争中，各民族军士也在努力学习其他民族在战术上的特长并加以吸收，成为本民族军事文化的一部分。这一学习及实践的过程影响深远，甚至余风波及明清小说。两汉至宋代，中原王朝的作战少有所谓"斗将"，即双方将领相互交战的场面，而北方少数民族如鲜卑、突厥、吐蕃、契丹、党项等民族非常盛行"斗将"。[1]四大名著中，《三国演义》《水浒传》有多处精彩的斗将描写，并将其与"回合"结合起来，据王曾瑜先生考证，"合"指两军的一次交锋，女真骑兵擅长往返冲突，反复较量，"合""回合"的概念逐渐被宋人所熟知。"回"即次或驰马奔回，再行合战。"回合"名词使用多了，就被掺入平话和演义中，后又被《三国演义》等小说吸收。[2]也就是说，此类"斗将""回合"的描写，受到北方少数民族特别是女真族作战的影响是没有什么疑问的。今日读者在欣赏中国古代名著中"三英战吕布""许褚战马超""张清战董平"等脍炙人口的作战场面时，应该注意到此类军事文化的形成有着女真族等北方少数民族的贡献。

---

[1] 陈波：《汉人的"致师"与北族的"斗将"》，载《元史及民族与边疆研究集刊》第18辑，上海古籍出版社，2006，第104—114页。

[2] 王曾瑜：《用现代史学眼光审读〈三国演义〉》，载《点滴编》，河北大学出版社，2010，第554页。

五、金代北疆地区各民族之间的文化交流、交融

金时，由于北疆各民族杂居，各民族文化呈现交流、交融的特点，尽管在中国古代少数民族政权中，金代的汉化程度颇令古今中外学者赞叹。[1]

金代北疆地区各民族交融、交流最重要的成果就是北方少数民族在封建化的过程中，形成了"中国"的认同。[2]关于这一认同的珍贵历史文物是在蒙古国肯特省发现的摩崖石刻，上面刻有汉字和女真文字。汉文石刻的内容证实，这是明昌七年（承安元年，1196年）六月，金尚书右丞相完颜襄征讨阻䩞（术孛，即塔塔尔部），即汉文石刻中的"帝（金章宗）命帅师讨北术孛"，于斡里札河大败敌军，留下的纪功摩崖石刻。完颜襄的题名是"大金开府仪同三司、尚书右丞、任国公宗室（完颜）襄"。女真文石刻第一行共有16字，前15字拉丁文转写为"ambanladulilaancunguruncansuyucin"，可译为"大中央金国尚书右丞"或"伟大的中央金国尚书右丞"。[3]经钟焓先生考证，此类将"中央"系于国号之前的做法，已见于辽时契丹大、小字墓志，女真人学习了契丹人的这一做法，而"女真人的汉化程度较契丹人更高，自

---

[1] 刘浦江：《女真的汉化道路与大金帝国的覆亡》，载《松漠之间——辽金契丹女真史研究》，中华书局，2008，第235—274页。

[2] 参见赵永春：《试论金人的"中国观"》，《中国边疆史地研究》2009年第4期；熊鸣琴：《金人"中国"观研究》，上海古籍出版社，2014年版。

[3] 穆鸿利、孙伯君：《蒙古国女真文、汉文〈九峰石壁纪功碑〉初释》，《世界民族》2004年第4期；刘浦江：《再论阻卜与鞑靼》，载《松漠之间——辽金契丹女真史研究》，中华书局，2008，第343—366页。

从确立了'金'的国号后，就再未像契丹和蒙古那样采取双国号制，故其更容易接受中国意识"¹。石刻中的女真文字明确提及"中国"（中央之国），说明了中国古代的民族关系从对立走向统一、从多元走向一体、从隔阂走向理解的历史进程。

金代同历代入主中原的少数民族王朝一样，以中国自居。金人对于"中国正统"的追求，还体现在德运，即五行之运的讨论上。金章宗时，经过朝廷上下讨论，章宗本人确定，金的德运为"土德"，继承北宋的"火德"。² 元末，朝廷确定宋、辽、金三朝皆为正统，《金史》在修成后，便无可争议地成为历代正史之一。明代虽有个别知识分子欲否定辽、金两朝的正统地位，³ 但上至朝廷，下至民间，应者寥寥。明代文学家杨慎编纂的具有历史普及读物性质的著作——《历代史略十段锦词话》将辽、金两朝列入"历代"之中。⁴ 明代政治家、文学家赵南星增修的童蒙著作《三字经》，叙述历代王朝事迹中有"辽与金，皆称帝"之句。⁵ 之后的元、明、清三朝对于金朝在中国古代王朝的正统中，绝大多数人并无异议。

金朝入主中原之初，北疆地区的女真族、契丹族，尚有不理

1　钟焓：《北族王朝没有中国意识吗——以非汉文史料为中心的考察》，《中国社会科学评价》2018年第2期。

2　刘浦江：《德运之争与辽金王朝的正统性问题》，载《松漠之间——辽金契丹女真史研究》，中华书局，2008，第13—14页。

3　刘浦江：《德运之争与辽金王朝的正统性问题》，载《松漠之间——辽金契丹女真史研究》，中华书局，2008，第20—23页；赵永春：《"宋、辽、金三史的正统体系"在明代未被颠覆——兼与刘浦江商榷》，《学术月刊》2012年第6期。

4　李浩楠：《杨慎〈历代史略十段锦词话〉契丹（辽）部分研究》，载《辽金历史与考古》第11辑，科学出版社，2020，第165—171页。

5　陆林：《三字经辑刊》，安徽教育出版社，1994，第7页。

解儒学者。宋人文惟简记载，"距燕山（即燕京，今北京市）东北千里，曰中京大定府，本奚、霫旧地。其府中亦有宣圣庙（孔子庙），春秋二仲月，行释奠之礼。契丹固哥相公者，因此日就庙中张宴。有胡妇数人，丽服靓装，登于殿上，徘徊瞻顾。中有一人，曰：'此胡者，是何神道？'答曰：'者便骂我夷狄之有君者。'众皆发笑而去矣"[1]。在个别契丹人看来，孔子的主张"夷狄之有君，不如诸夏之亡也"（出自《论语》），就是在文化上敌视少数民族，显然存在偏见。但金熙宗之后，历代金帝均大兴、提倡儒学，重视教育，尤其是正统儒学教育，各地设有官学。同时，教育与科举的关系极其密切。据《金史》记载，府学一共有24处，位于今内蒙古地区的即大定府学，员额40人。[2]女直（女真）府州学22处，位于今内蒙古地区的有临潢府、大定府、丰州。[3]此外，还有节镇学39处。[4]经兰婷先生考证，位于今内蒙古地区的有全州、丰州、桓州。[5]

金时的内蒙古地区，儒士最为重要者是临潢人张用直，张用直是完颜亮的老师，完颜亮即位后又教授太子完颜光英。完颜亮高度评价张用直，"朕虽不能博通经史，亦粗有所闻，皆卿平昔辅导之力。太子方就学，宜善导之。朕父子并受卿学，亦儒者之荣也"[6]。完颜亮后世有女真族重要的"改革家"称谓，张用直的培养之功是不言而喻的。金时内蒙古地区的进士，较为有名者

1　（明）陶宗仪：《说郛》卷8《虏廷事实·释奠》，中国书店，1986。
2　《金史》卷51《选举志一》，中华书局，1975，第1133页。
3　《金史》卷51《选举志一》，中华书局，1975，第1134页。
4　《金史》卷51《选举志一》，中华书局，1975，第1133页。
5　兰婷：《金代教育研究》，吉林大学出版社，2010，第51页。
6　《金史》卷105《张用直传》，中华书局，1975，第2314页。

有郑子聃，据《金史》记载，郑子聃系大定府人。天德三年（1151年），郑子聃参加科举殿试，进士及第，为第一甲第三名。郑子聃恃才傲物，"常慊不得为第一甲第一人"。郑子聃"正隆二年（1157年）会试毕，海陵以第一人程文问子聃，子聃少之。海陵问作赋何如，对曰：'甚易。'因自矜，且谓他人莫己若也。海陵不悦，乃使子聃与翰林修撰綦戩、杨伯仁、宣徽判官张汝霖、应奉翰林文字李希颜同进士杂试。七月癸未，海陵御宝昌门临轩观试，以'不贵异物民乃足'为赋题，'忠臣犹孝子'为诗题，'忧国如饥渴'为论题。上谓读卷官翟永固曰：'朕出赋题，能言之或能行之，未可知也。诗、论题，庶戒臣下。'丁亥，御便殿亲览试卷，中第者七十三人，子聃果第一，海陵奇之"。这段文字生动描写了郑子聃的才华、性格和自负。[1] 如此经历，在金代科举史上颇为传奇。郑子聃也是金代唯一籍贯位于今内蒙古地区的状元。赵之杰，籍贯亦为大定府，大定十六年（1176年）进士。本人最出彩的事迹是泰和五年（1205年）出使南宋，对于南宋要求停止"受书礼"的要求予以拒绝，维护了金朝的尊严。[2] 完颜伯嘉，北京路讹鲁古必剌猛安，明昌二年（1191年）进士，[3] 宣宗朝名臣。金代北疆还出现一批各族文士或儒将，契丹人移剌子敬，读书好学，金熙宗时曾从耶律固修《辽史》，系世宗朝名将、名臣，金世宗非常欣赏移剌子敬的才华，称其"以汝博通古今，故以命汝"，

---

[1] 《金史》卷125《郑子聃传》，中华书局，1975，第2725—2726页。

[2] 李浩楠：《金朝出使南宋汉族正、副使研究》，载《宋史研究论丛》第19辑，河北大学出版社，2016，第55—56页。注：受书礼即金使出使南宋，向宋帝跪授金帝国书，宋帝必须站立，从相关人员手中接受金帝国书。这一礼仪内容颇具屈辱性。

[3] 《金史》卷100《完颜伯嘉传》，中华书局，1975，第2208页。

君臣之间，亦君亦友，"常召入讲论古今及时政利害，或至夜半"。[1]金代北疆地区的女真族好读儒书，有儒士风范者，史料记载颇不详细，可举一旁证，章宗、宣宗时期的治河名臣蒲察铉，系北京路瑞州（今辽宁省绥中县）人，史书称其"文武兼资""读书好士""为文辞辨捷无疑"，并在参与治理黄河的实践中，摸索技术改进，首创"树石埽"技术。[2]

金代北疆地区的女真族武将有儒士风范者，丰州人完颜彝（女真名陈和尚）可谓典型，元好问称其"雅好文史，自居侍卫日，已有秀才之目。至是授《孝经》《论语》《春秋左氏传》，尽通其义。军中无事，则窗下作牛毛细字，如寒苦一书生"[3]。《孝经》《论语》《春秋左氏传》皆是儒家经典"十三经"中之一。完颜彝与元好问来往甚密，多有唱和。正大三年（1226年），元好问为完颜彝之镜作铭，提及完颜彝，"良佐（完颜彝之字）忠于爱君，笃于事长，严于治军旅，又谦谦折节下士，从诸公授《论语》《春秋》，读新安朱氏小学，以为治心之要。故就其可致者而勉之"[4]。元好问曾为完颜彝作词数首，其一为《贺新郎》下注"为良佐所亲赋"，有"别鹤离鸾云千里，风雨孤猿夜哭。只雌蝶、雄蜂同宿"之句。[5]表示了其妻的相思之苦。其一为《三奠子》，

1　《金史》卷89《移剌子敬传》，中华书局，1975，第1988页。

2　李浩楠：《金代治河文献〈树石埽记〉考释》，载《宋史研究论丛》第17辑，河北大学出版社，2015，第578—596页。

3　姚奠中主编，李正民增订：《元好问全集》卷27《赠镇南军节度使良佐碑》，山西古籍出版社，2004，第574页。

4　姚奠中主编，李正民增订：《元好问全集》卷38《良佐镜铭》，山西古籍出版社，2004，第790页。

5　姚奠中主编，李正民增订：《元好问全集》卷42《新乐府一》，山西古籍出版社，2004，第996页。

下注"同国器（完颜彝之兄完颜鼎，字国器）帅、良佐、仲泽（王 渥，字仲泽，金代文学家）置酒南阳故城"。[1]刘祁评价完颜彝为"爱 重士大夫""读书不辍"。[2]从元好问、刘祁二人的记述来看， 完颜彝喜读儒书，以正统的儒学思想作为思想指南，知行合一， 以忠君报国为己任，治军严格，为典型的儒将。同时喜与文人士 大夫交游，切磋学问，正是在这种交游活动中，完颜彝结交众多 汉人文士，同他们交好，友谊甚笃。完颜彝被俘后英勇不屈，守 节而死，以生命的代价，实践了儒学"舍生取义""尽忠报国" 的精神。他的儒学修养和报国实践，不仅得到金遗民的肯定，也 得到俘获他的蒙古军将领的高度赞赏。

中国古代各民族都有一定的民族本位思想，中原的"华夷之 辨"思想根深蒂固。但无论此类思想如何鼓吹，都不得不面临一 个现实：在疾病与死亡面前，所有人都是平等的，没有哪个自诩 "优秀"的民族，可以彻底摆脱疾病的困扰。中医七大学派之一 伤寒学派代表医家成无己，本系宋人，籍贯在今山东省聊城市。 但因宋金战争，他的命运由此改变。由于医术高明，成无己"后 为权贵挈居临潢"。此"权贵"或为金军中的女真、契丹族将领。 成无己被掳至临潢府后，尽管远离家乡及亲友，但他并未向命运 屈服，他勤于著述，其著作《注解伤寒论》《伤寒明理论》最终 在临潢定稿。王鼎因寻找其弟至临潢，亲眼得见成无己的诊治活 动，"目击公治病，百无一失"。成无己亦擅长养生，保持乐观

---

[1] 姚奠中主编，李正民增订：《元好问全集》卷43《新乐府二》，山西古 籍出版社，2004，第1005页。

[2] 《归潜志》卷6，中华书局，1983，第62页。

心态，年90余尚在人世。[1] 临潢府是多民族聚居之地，契丹族、女真族占有相当大的比例，成无己的患者中有契丹族、女真族等少数民族是合情合理的。成无己坚持医德，诊治各民族的患者，也是中国古代医学史上的一段佳话。《注解伤寒论》共10卷，明人评价该书"盖能独究遗经（指张仲景《伤寒论》），与之终始，多所发明，间虽依文顺释，如传大将之令于三军，不敢妄为增易，听者惟谨行自得之，其有功于是书不浅也"[2]。《伤寒明理论》共4卷，宋人评价其"诚仲景之忠臣，医家之大法也"[3]。当代中医研究者张国骏、阚湘苓先生认为，成无己的著作"以朴素的理论，阐明《伤寒论》未发之义，并与所用方药联系起来，形成一元化的理论体系"。成无己的中医学术特点可以归纳为：逐条以经（经指中医经典著作，成无己著作引用最多者为《黄帝内经》）释伤寒；注音释义训伤寒，使用的训诂方法是注音和释义；忠实原著，言简意赅；分辨形证，缕析方药；尊古不泥古，创新有己见。[4] 现存金代医学著作——《风科集验名方》共28卷，作者为赵庸，籍贯不详，身份为"北京大定太医"，为奉敕编纂。[5] 除汉族的中医学之外，各少数民族也有自己的民族医学和民间医学，如契丹族、蒙古族医生，尤其擅长骨伤治疗和草原兽医。

中国的传统医学中，广义的中医学包括汉族传统医学、少数民族传统医学，狭义的中医学指汉族传统医学。汉族的传统医学

---

1 《伤寒论注解序》，载《金代艺文叙录》，中华书局，2014，第924页。
2 张国骏：《成无己医学全书》，中国中医药出版社，2004，第4页。
3 张国骏：《成无己医学全书》，中国中医药出版社，2004，第153页。
4 张国骏、阚湘苓：《成无己医学学术思想研究》，载《成无己医学全书》，中国中医药出版社，2004，第195—211页。
5 薛瑞兆：《金代艺文叙录》，中华书局，2014，第1018页。

以理论体系相对完善、著述众多而闻名。但这并不意味着在任何疾病治疗、养生及尸体防腐方面，汉族传统医学面对少数民族传统医学都处于绝对优势。少数民族人民在和疾病的斗争中，摸索出很多独特的治疗经验和规避手段，有些甚至得到汉族士人和医者的肯定和赞赏。南宋文惟简曾观察各个民族的丧葬文化，"北人丧葬之礼，盖各不同。汉儿（指辽朝统治下的汉人）则遗体，然后瘗之，丧凶之礼，一如中原。女真则以木槽盛之，葬于山林，无有封树。惟契丹一种，特有异焉。其富贵之家，人有亡者，以刃破腹，取其肠胃涤之，实以香药、盐、矾，五彩缝之。又以尖苇筒刺于皮肤，沥其膏血且尽。用金银为面具，铜丝络其手足。耶律德光之死，盖用此法。时人目为'帝羓'。信有之也"[1]。上述文字中，以契丹丧俗的字数最多，显示作者对其感到的好奇、惊诧。从行文风格来看，作者出于儒家"身体发肤，受之父母"的理念，对于这种尸体处理方法感到不理解，但是也暗含对于尸体经过防腐处理后，能长期保存的肯定。文惟简认为，辽太宗耶律德光之死也是使用的这种防腐技术，略有不确。耶律德光死后，处理尸体的顺序是破腹、肠胃处理，在尸体中装盐。[2] 这一技术发展到辽末金初，其变化为：尸体中除盐外，还增加了香药和矾；处理肠胃后，还要用五彩线缝合；除破腹之外，还要用尖苇筒刺其皮肤，进行放血；尸体面部戴面具，身体戴铜丝。反映了契丹人在长期的尸体防腐技术处理的实践中逐渐摸索、加以改进，使尸体防腐处理越来越先进和精细。

1　（明）陶宗仪：《说郛》卷8《虏廷事实·释奠》，中国书店，1986。
2　李浩楠：《王仁裕〈玉堂闲话〉佚文三则所记契丹史料考》，载《辽金历史与考古》第10辑，科学出版社，2019，第167—168页。

金时女真族、契丹族的食俗，肉类占有较大比例。但在"金元四大家"之一、中医攻邪学派创始人张从正指出，"又如北方贵人，爱食乳酪、牛酥、羊、生鱼脍、鹿脯、猪腊、海味甘肥之物，皆虫之萌也。然而不生虫者，盖筵会中多胡荽、芜荑、酱卤汁，皆能杀九虫。此二者，亦偶得服食法耳"[1]。"北方贵族"无疑指的是女真、契丹贵族。他们喜食野味的饮食结构，虽易罹患寄生虫类疾病，但他们在宴会中食用的"胡荽、芜荑、酱卤汁"，按照中药功效，皆能杀虫。[2] 上述属于典型的"食疗"，得到了中医学者的赞赏。

金代北疆地区佛教、道教文化具有一定发展。佛教规模虽不如辽代，但仍然在继续发展。据辑本《元一统志》记载，北京大定府的佛寺有：建于皇统二年（1142年）的咸圣寺、崇宝寺；建于皇统七年（1147年）的传教寺；建于皇统八年（1148年）的净安寺；建于贞元二年（1154年）的太子寺；建于大定二年（1162年）的楞严寺和大觉禅寺；建于明昌六年（1195年）的白莲寺、兴圣寺；建于泰和元年（1201年）的护国寺。[3] 赤峰市喀喇沁旗牛家营子镇的千佛洞，辽末曾建灵峰院，但毁于辽末金初的战争，皇统年间重修，皇统三年（1143年）奉议大夫刘子初撰《灵峰院千佛洞碑》载："各发一念愿心，匠成千佛石像，自尔一新，

---

1 （金）张子和撰，邓铁涛、赖畴整理：《儒门事亲》卷2《偶有所遇厥疾获瘳记十一》，人民卫生出版社，2005，第46页。

2 李浩楠：《〈儒门事亲〉史料价值研究》，载《辽金史论集》第16辑，黑龙江人民出版社，2017，第261页。

3 《元一统志》卷2《辽阳等处行中书省·大宁路》，中华书局，1966，第210—211页。

颇有石国之规模也。"[1] 道教方面。1963年，赤峰市元宝山出土"都天大雷火印"，经辛蔚先生考证，认为该印的文字源流与结构特征保存有明显的古文字和道教符箓文字的特性。宋辽时期，道教神霄派在中原地区盛行，辽金更迭之际，道教神霄派以徽宗北狩为契机传入大兴安岭南麓的松漠地区。[2] 新兴的全真道在金代北疆地区亦有传播，"七真"之一的王处一"大安改元（大安元年1209年），北京请居华阳观"。[3]

金代北疆地区各民族文化习俗上的交往交流交融数不胜数。姓名方面，女真族、契丹族除本民族的姓名之外，还会起汉名汉字，如移剌子敬（字同文）、蒲察铉（字鼎臣）、完颜伯嘉（字辅之）、完颜彝（字良佐）等。部分汉族也会起少数民族的姓名，如前引大定二十九年（1189年）明堂石中，有李氏名军奴、众家奴者。[4] 金末北京大定府有名"杨赵奴"者。[5] 女真、契丹人中，还盛行围棋及双陆棋。[6] 而女真族、契丹族在端午射柳的习俗，亦为汉族民众所接受，余风及于明代，明人沈德符指出，明代皇宫端午射柳，"盖沿金元之俗"[7]。《三国演义》《西游记》中也有一些契丹族、

---

1 李俊义：《〈全金石刻文辑校〉佚文七则》，载《辽金史论集》第14辑，中国社会科学出版社，2016，第429页。

2 辛蔚：《金代高州城出土的"都天大雷火印"与道教神霄派的北传及其在松漠流布》，《北方文物》2012年第4期。

3 《玉阳体玄广度真人王宗师道行碑铭》，载《谭处端·刘处玄·王处一·郝大通·孙不二集》，齐鲁书社，2005，第368页。

4 张兴国：《内蒙古巴林左旗发现的金代明堂石铭文试析》，载《辽宁省博物馆馆刊》第5辑，辽海出版社，2010，第231页。

5 《元史》卷147《史天祥传》，中华书局，1976，第3486页。

6 宋德金：《双陆与民族文化的交流和融合》，《历史研究》2003年第2期。

7 《万历野获编》卷2《端阳》，中华书局，1959，第67页。

女真族的民俗习惯，《三国演义》中"桃园三结义"的描写，祭祀天地杀黑牛白马，显然受到契丹族祭天时杀青牛白马习俗的影响。[1] 有研究者认为，《西游记》中的猪八戒形象发现于金代河南墓中门楣上的《唐僧师徒取经归程图》中，表明猪八戒的形象在金朝时期就已存在。[2]

---

[1] 杨波、史小军：《多元民族文化影响下的三国故事体系考察——以桃园三结义与契丹青牛白马祭天地为中心》，《文化遗产》2018年第2期。

[2] 张同德：《猪八戒、野猪战神与女真族》，《明清小说研究》2019年第2期。

结 语

辽、金时期统治区域内民族众多,各民族在交往交流交融中不断发展,无论是在物质文化还是精神文化层面皆出现新景象。贸易往来、移民迁徙、族际通婚等加快了民族之间的融合,衣食住行、思想观念、生活习俗、宗教信仰上的互相融合,让辽、金时期各民族之间的差异性逐渐缩短,推动了社会文明的发展。各民族间的交往交流交融不仅仅是生产、生活方式上的相互影响,文化作为更加隐形、稳固的内核在其中的作用更为重要。文化认同是各民族凝聚的内核中心,辽、金时期的统治者借助中原王朝长久形成的优秀历史文化积淀提高辖域内各民族的思想文化水平,这一时期俨然形成各民族水乳交融之景象,为中华民族多元一体格局画上了浓墨重彩的一笔。